A QUERER

se aprende

ELENA LÓPEZ NAVARRO
@elenalopezpsicologia

A QUERER

se aprende

Entiende tu historia
de vida y construye
relaciones sanas

MOLINO

Primera edición: septiembre de 2024

© 2024, Elena López Navarro
© 2024, Penguin Random House Grupo Editorial, S. A. U.
Travessera de Gràcia, 47-49. 08021 Barcelona
© 2024, iStockphoto, por las ilustraciones
Diseño del interior: Penguin Random House Grupo Editorial / Meritxell Mateu

Printed in Spain – Impreso en España

ISBN: 978-84-272-4200-5
Depósito legal: B-10.435-2024

Compuesto en Aura Digit
Impreso en Huertas Industrias Gráficas, S. A.
Fuenlabrada (Madrid)

MO 42005

A mamá, papá y Marina,
por ser el mejor ejemplo de amor que puedo tener

Y a Edu,
por aprender a querernos cada día

ÍNDICE

SEGUNDA PARTE
CÓMO QUIERO EN EL PRESENTE

TERCERA PARTE
APRENDO A QUERER BIEN

NOTA DE LA AUTORA.

Antes de empezar, me gustaría aclarar que a lo largo del libro verás que me dirijo a ti tanto en femenino como en masculino. ¿Por qué? Pues porque este libro está dirigido a TODAS las personas, sin distinción.

PRÓLOGO

Hace unos años alguien me preguntó qué era para mí el amor. Si soy honesta, era algo sobre lo que nunca me había parado a reflexionar, pero desde entonces he dedicado muchas horas a darle vueltas a este concepto. Y es que, para mí, el amor es muchas cosas. Es familia, respeto, cuidado, empatía, pasión, refugio, apoyo, seguridad. Pero también es tristeza, nostalgia, melancolía, decepción e, incluso, a veces, dolor.

Porque, sí, el amor a veces también duele. Y para que duela, no siempre tiene que ser una relación de maltrato o un vínculo tóxico. Basta con echar de menos, con vivir un desamor, un amor no correspondido, una muerte o una ruptura de pareja. Por eso, si solo pudiese definir el amor con una palabra, sería: **APRENDIZAJE**.

En consulta me encuentro con muchas personas que inician su proceso de terapia porque tienen problemas a la hora de tener relaciones sanas. Algunas de ellas no consiguen crear vínculos afectivos profundos. Otras se vinculan desde el miedo al abandono. Otras desarrollan dependencia emocional.

Y otras, sin embargo, siempre dan con el mismo tipo de persona y acaban cayendo en el ciclo de las relaciones tóxicas.

Sea como sea, a todas ellas siempre les explico lo mismo: Aprender a querer y a vincularnos de forma sana es como aprender a escribir.

Primero aprendes las vocales y luego las consonantes. Luego vas uniendo varias letras y creas una sílaba. Después, una palabra y así sucesivamente hasta que al final consigues escribir una frase entera. Pero para poder escribir la frase entera, primero te has tenido que equivocar. De hecho, puede que hayas confundido la «d» con la «b» o la «m» con la «n». Pero después de un error (o varios) has aprendido a escribir la letra correcta.

Pues con el amor y las relaciones nos pasa lo mismo. De hecho, es muy difícil que tu primera relación de pareja vaya bien si nadie te ha enseñado primero qué cosas se pueden tolerar y qué cosas no. Qué cosas son sanas y cuáles no. O, incluso, cuándo debemos seguir tirando del carro y cuándo debemos decir adiós.

Mi primera relación de pareja fue con 15 años. Duró casi un año y fue horrible, aunque yo, en el momento, no lo vi. Fui consciente después, cuando la relación se terminó y empezaron a ser más notables los insultos, las amenazas o el acoso. Pasé meses sometida a un maltrato psicológico brutal y lo peor de todo es que me sentía avergonzada. Era mi primera ruptura y supuse que eso era lo que tenía que pasar, así que me callé durante mucho tiempo hasta que un día no pude más y hablé.

Fue entonces cuando comprendí lo que había pasado y aprendí que eso no estaba bien.

Años más tarde, tuve mi segunda relación de pareja, en la que, aunque no hubo maltrato, hubo muchísimas conductas tóxicas (tanto por su parte como por la mía). Muchas inseguridades, celos mal gestionados, problemas de comunicación y una forma muy fea de gestionar los conflictos. Pero lo determinante es que fue una relación intermitente, con muchas idas y venidas. Hasta que llegó un momento en el que me di cuenta de que mis límites y los suyos se habían pasado hacía mucho tiempo y que debíamos soltarnos. De nuevo, aprendí.

Un tiempo después, conocí a otro chico y el rol que adopté fue el de la amante. Sí, tal cual como lo lees. No es algo de lo que me sienta orgullosa, pero fue lo que pasó. Durante esa época herí a alguna que otra persona, pero, sobre todo, me hice daño a mí. Porque en ningún momento paré para preguntarme cómo me sentía en realidad, si eso era lo que yo quería en mi vida. Si me hacía feliz o si me sentía bien haciendo lo que estaba haciendo. Hasta que al final, otra vez, aprendí la lección.

Así que, ya ves, equivocarte y aprender. Volver a equivocarte y volver a aprender. Así funciona. Y así me fue a mí hasta que pude saber cómo narices se construía una relación sana. Relación que hoy en día mantengo y de la que solo puedo dar gracias. Pero también de la que he seguido (y sigo) aprendiendo mucho cada día.

Y es que cada persona con la que establecemos una relación

nos enseña algo, sea bueno o malo. Nos ayuda a ver qué cosas queremos o no en una relación, qué necesitamos o dónde queremos poner los límites.

Por eso, el objetivo de este libro es que aprendas a querer bien para que no tengas que seguir viviendo relaciones dañinas que te destrocen. Que aprendas a vincularte de forma sana tanto contigo como con los demás. Pero para eso, primero debes entender tu historia:

- ¿Cómo te quisieron cuando eras pequeño?
- ¿Cómo te hicieron sentir?
- ¿Te trataron bien?
- ¿Te sentiste querida, acompañada y validada? O, por el contrario, ¿te sentiste abandonada, sola e incomprendida?
- ¿Cómo fue la relación con tus padres o con tus cuidadores?
- ¿Tuviste muchos o pocos amigos?

Llevar a cabo ese proceso de autoconocimiento te ayudará a entender por qué ahora, en el presente, te relacionas de la manera en la que lo haces. Y te adelanto desde ya que esto puede ser durillo y tocarte la fibra. Si eso pasa, quiero que sepas que tienes todo el derecho del mundo a sentirte como te sientas, a llorar, a emocionarte o a reírte. Porque todas tus emociones son válidas y necesarias.

Pero, aunque te remueva, esto te ayudará a prestarle atención a todas aquellas cosas que hoy no están funcionando de manera adecuada. Porque quizá no estás poniendo límites, o quizá no te estás respetando lo suficiente. La parte positiva de esto es que son cosas que puedes trabajar y cambiar para que tus relaciones sean un lugar seguro para ti, en el que poder sentirte bien, libre, cómoda y, sobre todo, tú misma.

Así que ahora sí, ¡vamos a aprender a querer!

ELENA

Primera parte

CÓMO
TE QUISIERON
EN EL PASADO

EL AMOR QUE RECIBISTE EN EL PASADO

Estoy segura de que, si echas un vistazo a tu alrededor, podrás comprobar que la manera que tú tienes de vincularte con los demás a nivel afectivo es diferente a la de tu amiga, tu primo o tu vecina. Y es que la forma en la que te relacionas, quieres y cuidas en el presente tiene mucho que ver con cómo te quisieron y cuidaron en el pasado. Pero para entenderlo mejor te propongo un **ejercicio**:

Quiero que te sientes en un sofá, en la cama, en el suelo o donde quiera que estés cómoda y cierres los ojos. Visualiza por un momento tu habitación de la infancia y entra en ella. Intenta fijarte en todos los detalles posibles: el color de las paredes, si había pósters o cuadros colgados en las paredes, en tu cama, etc. Ahora piensa en ti, en la niña que jugaba en esa habitación todos los días y hazte estas preguntas:

- ¿Qué pasaba cuando llorabas o cuando te mostrabas vulnerable?

- ¿Qué pasaba cuando no estabas de acuerdo con algo o cuando mostrabas tu enfado?
- ¿Te permitían expresarte o te silenciaban?
- ¿Te prohibían comer algún tipo de alimento porque era «malo»?
- ¿Te dedicaban tiempo de calidad cuando querías jugar?
- ¿Te comparaban con algún hermano o hermana?
- ¿Te hacían sentir culpable por todo aquello que ocurriese en casa?
- ¿Te sentías cuidada?
- ¿Reforzaban tus méritos o solo te castigaban por lo que hacías mal?
- ¿Cuáles eran tus responsabilidades?
- ¿Te mostraban afecto?
- ¿Cómo te sentías la mayor parte del tiempo?

Puede que este ejercicio te haya removido. Así que, si lo necesitas, tómate tu tiempo para parar y regularte. Deja el libro un ratito, llora si lo necesitas y recuerda que todas las emociones son válidas. Yo te espero aquí, a la vuelta, para seguir con este viaje de puro aprendizaje.

Como ves, puede que durante tu infancia te sintieras escuchada, validada, comprendida y vista. Pero también puede que te sintieras rechazada o un estorbo. O incluso puede que algunas veces te sintieras cuidada y otras abandonada.

Fuera como fuera, lo que tú viviste puede que sea diferente a lo que vivió tu pareja, tu amigo o tu vecina. Ojo, ni mejor, ni peor, solo diferente. Y eso es precisamente lo que hace que la forma que tú tienes de vincularte, es decir, tu estilo de **apego** sea diferente al de otra persona.

EL FAMOSO APEGO

Para poder entender bien toda esta movida del apego, necesitamos tener claros tres conceptos básicos: apego, figura de apego y estilo de apego.

1. Desde que nacemos y durante toda nuestra infancia, establecemos un vínculo emocional con las personas que nos cuidan de manera habitual. En psicología, nos referimos a este vínculo como **APEGO**.
2. De este modo, las personas con las que establecemos este vínculo, se denominan **FIGURAS DE APEGO** (es decir, tu madre, padre, abuelos, etc.).
3. Y según cómo sea esa relación entre tú y tus figuras de apego (dependiente, evasiva, cariñosa, ausente, etc.) aprenderás a relacionarte con los demás de una manera o de otra. Y a esa forma de relacionarte la llamaremos **ESTILO DE APEGO**.

Según la teoría del apego defendida por el psicólogo John Bowlby, podemos distinguir dos estilos de apego: el **seguro** y el **inseguro**. A su vez, dentro del inseguro, encontramos el apego ansioso (o ambivalente), el evitativo (o evasivo) y el desorganizado. Para que lo veas más claro, te regalo este miniesquema antes de empezar a hablar de ellos en profundidad.

$$
\text{APEGO}
\begin{cases}
\textbf{Seguro} \\
\\
\textbf{Inseguro}
\begin{cases}
\textit{Ansioso} \text{ (o ambivalente)} \\
\textit{Evitativo} \text{ (o evasivo)} \\
\textit{Desorganizado}
\end{cases}
\end{cases}
$$

Así que conocer tu historia y tomar consciencia de lo que ha pasado a lo largo de tu vida es crucial para poder entender por qué ahora te relacionas con los demás de una manera o de otra y, sobre todo, para poder trabajar en ello en el caso de que estés teniendo problemas para establecer vínculos sanos.

A continuación, te dejo un pequeño resumen de las posibles causas y consecuencias de los distintos estilos de apego:

Apego seguro

SI EN EL PASADO...

→ Tus cuidadores principales fueron personas presentes y disponibles en tu crianza.

→ Cuando tenías un problema o necesitabas ayuda te escuchaban y te validaban.

→ Atendieron tus necesidades.

→ Te hicieron sentir segura, vista y comprendida.

→ Te sentiste respetada y valorada por ser tal y como eras.

PUEDE QUE AHORA...

→ Sepas escucharte, validarte y respetarte (tanto a ti misma como a los demás).

→ Seas una persona empática y con responsabilidad afectiva.

→ Expreses tus necesidades, pensamientos y emociones con asertividad.

→ No te cueste poner límites sanos.

→ No tengas problemas a la hora de vincularte afectivamente con los demás.

→ No tengas miedo al compromiso o evites relaciones estables.

→ No establezcas vínculos desde la dependencia emocional.

→ No necesites a una pareja para sentirte bien.

→ No te dé miedo la idea de ruptura.

Apego ansioso

SI EN EL PASADO...

→ Tus cuidadores principales fueron personas que se mostraron presentes y disponibles en tu crianza a veces sí y a veces no.

→ Cuando tenías un problema o necesitabas ayuda, te escuchaban, acompañaban y validaban a veces sí y a veces no.

→ Tus cuidadores principales atendían tus necesidades y te mostraban afecto de manera intermitente.

→ Te sentiste inseguro y/o incomprendido.

→ Te sobreprotegieron y aprendiste que el mundo es un lugar malo, desconfiado y lleno de peligros.

PUEDE QUE AHORA...

→ Te cueste expresar tus necesidades, pensamientos y emociones por miedo al rechazo o abandono.

→ Te cueste poner límites.

→ Estés acostumbrado al refuerzo intermitente y por tanto establezcas vínculos desde la dependencia emocional.

→ Priorices el bienestar de tu pareja al tuyo y te responsabilices del malestar de los demás.

→ Estés en hiperalerta constante en tus relaciones y sientas como amenazantes situaciones que realmente no lo son.

→ Sientas una preocupación excesiva ante la idea de ruptura.

→ Necesites de manera constante que tu pareja te reafirme lo mucho que te quiere y te necesita.

→ Vivas tus relaciones desde el miedo, la desconfianza y la inseguridad.

→ Sientas la necesidad de tener pareja.

Apego evitativo

SI EN EL PASADO...

→ Tus cuidadores principales fueron personas que se mostraron ausentes y no disponibles en tu crianza.

→ Tus cuidadores principales no te mostraron cariño ni afecto.

→ Te sentiste abandonado, incomprendido y/o no aceptado.

→ Tus cuidadores principales fueron muy autoritarios o personas irresponsables contigo y con tu crianza.

→ Invalidaron tus emociones.

→ Minimizaron, negaron u omitieron tus preocupaciones.

→ Castigaron tus emociones desagradables.

PUEDE QUE AHORA...

→ Sientas cierta dificultad o imposibilidad a la hora de expresar tus emociones, pensamientos o necesidades.

→ Te cueste mostrar afecto o cariño a los demás.

→ Tengas miedo al compromiso y a establecer relaciones profundas.

→ Huyas de las relaciones serias y prefieras tener relaciones esporádicas.

→ Seas poco responsable a nivel afectivo.

→ Tengas problemas a la hora de validar tus emociones y
las de los demás e incluso te incomode o te bloquee el
hecho de que otra persona te exprese cómo se siente.

→ Le des más importancia a la independencia que al hecho de estar en pareja.

Apego desorganizado

SI EN EL PASADO...

→ Tus cuidadores principales fueron negligentes.

→ No te respetaron ni te cuidaron.

→ Tus cuidadores principales desatendieron todas tus necesidades tanto a nivel físico como a nivel emocional.

→ Viviste en un entorno donde predominaban la agresividad, el maltrato e incluso el abuso sexual y/o físico.

PUEDE QUE AHORA...

→ Tengas problemas para identificar cómo te sientes o
qué necesitas.

→ Tengas relaciones muy tóxicas basadas en la desconfianza y la manipulación.

→ Tengas relaciones de maltrato porque hayas normalizado la violencia y la agresividad.

→ Creas que te mereces todo lo malo que te pasa y que eres mala persona.

→ Te cueste respetar los límites de los demás.

→ Sientas que eres una persona fría e incluso que te cueste empatizar.

Una vez entendido esto, estoy segura de que alguno de ellos habrá resonado en ti y puede que hayas descubierto que tu estilo de apego es inseguro. En ese caso, puede que ahora te hayas sentido desconcertada e incluso asustada. Pero no te alarmes, es algo muy común. No eres un bicho raro ni peor persona por ello. Es más, quiero que sepas que el apego no es algo estático, sino que va cambiando con el tiempo y dependiendo de con qué persona nos relacionemos. Así que sí, el estilo de apego se puede trabajar y modificar.

LAS HERIDAS EMOCIONALES

Puede que durante tu infancia vivieras situaciones complicadas, dolorosas e incluso traumáticas. Y es probable también que esas situaciones hayan dejado cierta marca en ti. Estas secuelas emocionales son lo que llamamos **heridas emocionales** y puede que estén afectando hoy en día a tu manera de relacionarte con los demás.

Estas heridas son mucho más frecuentes de lo que pensamos y, de hecho, casi todas las personas tenemos alguna. Y es que puede que aparezcan como consecuencia de ambientes negligentes, agresivos o traumáticos en los que vivieras situaciones como, por ejemplo: abuso sexual en la infancia, maltrato, cuidadores principales con problemas de adicción o personas adultas que decidieron no cuidar de ti. Pero también puede que tuvieras un ambiente muy estable y seguro pero que a lo mejor sintieras que tu padre o tu madre pasaban mucho tiempo trabajando y poco contigo. O que con el nacimiento de un hermano pequeño sintieras que molestabas a tus padres y empezaras a responsabilizarte de más cosas de las que debías a tu edad. Fuera como fuera, te enfrentaste a situaciones que en su momento te produjeron **DOLOR**.

A efectos prácticos, estas heridas funcionan igual que las físicas. Sin embargo, la diferencia principal es que estas heridas no se ven a simple vista, lo cual dificulta muchas veces su detección y, por tanto, pasa mucho tiempo hasta que logramos sanarlas. Es más, normalmente no las detectamos como tal hasta que empezamos un proceso de terapia (o leemos libros como este). Sin embargo, sí que empezamos a notar que hay cosas en nuestras relaciones que no están yendo bien. Como, por ejemplo:

- Voy enlazando una relación con otra porque si no tengo pareja me siento vacía.

- Tengo relaciones superficiales y nunca pasan del «casi algo» porque cuando veo que empiezan a florecer las emociones, huyo.
- Aguanto cosas en mis relaciones de pareja que no debería aguantar. Es más, me hacen daño muchas veces y aun así me quedo.
- Tengo relaciones muy intermitentes. Cuando estamos bien estamos muy bien, pero cuando estamos mal es un horror.
- Me engancho a cualquier persona que me dé un poco de afecto, aunque me trate mal.
- Tengo una relación tóxica detrás de otra y no sé por qué.
- Me produce mucho miedo pensar que mi pareja me vaya a dejar. Siento que me romperé en dos si eso pasa.
- Me cuesta mucho poner límites y comunicar lo que realmente necesito.
- No me valoro lo suficiente y priorizo siempre a todo el mundo antes que a mí misma.

Como ves, son múltiples las consecuencias que pueden generar estas lesiones. La ensayista canadiense Lise Bourbeau ha investigado mucho sobre el desarrollo personal e identifica cinco heridas emocionales principales: abandono, rechazo, traición, humillación e injusticia.

Vamos a conocerlas un poquito más a fondo:

Herida de abandono

SI EN EL PASADO...

→ Tus cuidadores principales estuvieron ausentes y no atendieron tus necesidades ni recibiste ningún tipo de afecto.

→ Te sentiste sola o abandonada (física o emocionalmente) por tus cuidadores principales. Y ojo, que para tener ese sentimiento de abandono no es necesario que vivieras un desamparo o ausencia real de tus progenitores. Basta con que tus padres se separasen y tú tuvieses que vivir solo con uno de ellos, que uno de tus cuidadores trabajase mucho y pasase mucho tiempo fuera de casa, una enfermedad o muerte de cuidador o familiar, nacimiento de un hermano pequeño, etc.

PUEDE QUE AHORA...

→ Sientas una necesidad abrumadora de afecto constante e incluso desarrolles relaciones de dependencia emocional.

→ Huyas del compromiso como mecanismo de defensa ante una posible ruptura y, por tanto, aparezca de nuevo el sentimiento de abandono.

→ Tengas relaciones tóxicas e incluso de maltrato porque prefieras estar mal acompañada a estar sin pareja.

→ Sientas celos de manera desadaptativa.

→ No tengas una autoestima sana.

→ Tengas la necesidad de controlarlo todo.

→ Te cueste poner límites, decir que no y priorizar tu bienestar.

Herida de rechazo

SI EN EL PASADO...

→ Sentías que molestabas o que eras un estorbo para las personas de tu alrededor.

→ Te sentiste rechazado o excluido.

→ Te hicieron sentir invisible.

→ Invalidaban tus emociones y minimizaban tu malestar e incluso te castigaban cuando expresabas disconformidad o emociones desagradables tales como el enfado o la tristeza.

PUEDE QUE AHORA...

→ Prefieras no vincularte con otras personas de manera profunda para así evitar sentirte rechazada de nuevo si en algún caso la relación se termina.

→ Te cueste poner límites o expresar disconformidad por miedo a que los demás se enfaden contigo o te excluyan.

→ Te sientas muy insegura y, por tanto, tu autoestima también esté dañada.

→ Seas muy exigente contigo misma, sobre todo, en tus relaciones.

→ Te esfuerces mucho en encajar y busques constantemente la aprobación de los demás.

→ Priorices las necesidades de los demás a las tuyas propias y acabes cediendo ante cosas que en realidad no quieres ni necesitas.

Herida de traición

SI EN EL PASADO...

→ Te sentiste traicionada por tus principales figuras de apego.

→ Burlaron tu confianza.

→ Te sentiste decepcionada de manera continua por tus cuidadores principales ya que actuaban de manera contraria a lo que te decían o prometían.

PUEDE QUE AHORA...

→ Seas una persona muy desconfiada y dudes constantemente de los demás.

→ Hayas construido una especie de escudo protector y te

cueste mostrarte vulnerable y expresar cómo te sientes o qué piensas.

→ Estés en estado de hiperalerta constante.

Herida de humillación

SI EN EL PASADO...

→ Te sentiste avergonzada y humillada de manera reiterada por parte de tus cuidadores principales. Dicha humillación pudo llevarse a cabo tanto en privado como en público a través de insultos, vejaciones, burlas, reírse de tus defectos, etc.

→ No te sentiste aceptada por ser como eras.

→ Te hicieron *bullying* en el colegio.

→ Te infravaloraban y te comparaban de manera continua con tus hermanos, primas, etc.

→ Fuiste víctima de abuso sexual infantil.

→ Te hicieron bromas inadecuadas sobre tu físico o condición, las cuales a ti no te hacían ningún tipo de gracia.

PUEDE QUE AHORA...

→ Seas una persona muy tímida.

→ Tengas pocas habilidades sociales.

→ Tengas ansiedad social y te cueste hablar en público o

entablar conversaciones con personas que aún no conoces.

→ Te cueste dar tu opinión.

→ Dudes de tu valía personal.

→ Tengas muchas inseguridades, sobre todo, a la hora de relacionarte con los demás.

→ Te cueste poner límites.

→ Tengas problemas de autoaceptación.

→ Dudes de tus capacidades y de tu valía personal.

Herida de injusticia

SI EN EL PASADO...

→ Tus figuras de apego fueron muy injustas contigo.

→ Si no te trataron bien, fueron intolerantes y rígidos.

→ El estilo de crianza que recibiste fue autoritario.

→ Tus figuras de apego no valoraron ni reconocieron tu esfuerzo o tus logros llegando incluso a sentirte una persona inútil.

→ Te exigieron demasiado: en casa, en el colegio, etc.

→ Tuviste que hacer cosas de adulto que no te tocaban.

PUEDE QUE AHORA...

→ Tengas baja tolerancia a la frustración.

- → Seas muy perfeccionista y tengas poco margen de error contigo misma.
- → Tengas una autoestima dañada, inseguridades y sentimiento de inferioridad porque percibas que tu valía personal solo depende de tus logros y tus fracasos.
- → Seas muy exigente contigo misma.
- → Te cueste pedir ayuda o apoyarte en los demás porque sientas que hacerlo es de personas débiles o menos válidas.
- → Te cueste recibir elogios.
- → Seas más rígido e inflexible en tus relaciones personales.
- → Te sobrecargues con múltiples tareas porque sientas que hagas lo que hagas, nunca será suficiente.

De nuevo, estoy segura de que algo de lo que acabas de leer habrá resonado en ti. Las heridas emocionales son consecuencia de tu vida. Pero como siempre digo, si sientes que alguno de estos aspectos pesa mucho en tu día a día y empieza a generarte mucho malestar, quizá sea un buen momento para empezar a trabajarlo de la mano de una persona profesional de la salud mental.

2

LAS CONDUCTAS
APRENDIDAS

Mi sobrina Martina acaba de cumplir dos años. Está en esa fase en la que lo repite absolutamente todo. Se queda mirándote fijo mientras tú haces cosas como lavarte los dientes, peinarte, escribir, hablar por teléfono... Observa y observa y, luego, lo imita. Y, claro, al final, de tanto imitarlo, acaba aprendiéndolo.

A este proceso de aprendizaje se le llama modelamiento y significa, básicamente, que las personas aprendemos mediante observación e imitación de modelos. El caso es que cuando somos pequeñas solemos pasar mucho tiempo con nuestros cuidadores principales y, por tanto, es a ellos a los que observamos e imitamos. De esta manera, al igual que, poco a poco, aprendes conductas como fregar los platos, subirte la cremallera del pantalón o atarte los cordones de las zapatillas, también aprendes a cómo tratar a los demás. En concreto, cómo tratar a tu pareja. Y no solo eso, sino que también aprendes un funcionamiento familiar. Es decir, aprendes modelos de comportamiento dentro de una relación, lo que implica asumir ciertos roles y ciertas responsabilidades.

En resumidas cuentas, desde que naciste te has ido nutriendo de todo lo que has visto en casa y lo más probable es que hayas normalizado ciertas conductas y patrones. Conductas y patrones que luego repites en tus relaciones de pareja cuando eres adulto porque es posible que sea lo único que conozcas y a lo que estés acostumbrado. El problema es que el hecho de que lo tengas normalizarlo no significa que sea algo sano.

Cuando hablo de esto, siempre se me viene a la cabeza el ejemplo de Sandra y Marcos. Una pareja que llegó a mi consulta en un estado de desesperación total porque había llegado un punto en el que su relación pendía de un hilo. Sandra venía de una familia en la que sus padres habían tenido una relación muy sana y ella había crecido en un ambiente seguro, con validación y afecto. Sin embargo, Marcos había crecido en un ambiente familiar muy inseguro y negligente donde el amor brilló por su ausencia. Así que, ahora, había muchos momentos en los que sentían que no había manera de entenderse. No se ponían de acuerdo ni para gestionar la economía, ni para distribuir los quehaceres de casa, ni, por supuesto, para gestionar los conflictos.

En una de las sesiones, me contaron un episodio que habían vivido hacía poco tiempo. Una noche, poco antes de dormir, tuvieron una discusión muy fuerte. Tras algunas horas, consiguieron suavizarlo y se metieron en la cama para dormir. Entonces, Sandra le pidió a Marcos que le diera un beso de buenas noches. Marcos se lo negó y añadió: «En mi casa, de toda la vida, cuando mis padres se han peleado no ha habido beso que valga. Es más, normalmente mi padre se va a dormir al sofá durante varias noches. Así que aún da gracias de que me quede en la cama». Sandra no daba crédito. Para ella eso era impensable porque en su casa, los conflictos se solucionaban con mucha calma y una vez terminado el problema, se retomaba todo con normalidad.

Así que, como ves, la relación que hayan tenido tus padres o tus cuidadores principales durante tus etapas de desarrollo tiene mucho que ver en cómo tú te relacionas con tus parejas en la actualidad.

Te dejo algunos de los aspectos de la relación de tus figuras de apego que puede que, a día de hoy, veas reflejados en la tuya:

- Si fue una relación larga, estable y duradera o si por el contrario tuvieron una relación intermitente, separaciones o divorcio, nuevas parejas, etc.
- Si la manera de vincularse que tuvieron fue sana, con afecto, cariño, apoyo mutuo y reciprocidad o si, por el contrario, nunca viste muestras de afecto o de manera muy superficial y puntual.
- Si hubo dependencia emocional o no.
- Si la repartición de tareas del hogar era equitativa o no, si se hacía por turnos, si directamente no se hacía porque se encargaba de ello una persona externa, etc.
- Si había comunicación entre ambas partes o no. Y en el caso de que la hubiese, si era una comunicación pasiva, agresiva, pasivo-agresiva o asertiva.

- Si solucionaban los conflictos con comunicación y respeto o si por el contrario se peleaban con frecuencia, alzaban el tono de voz, se insultaban, se dejaban con la palabra en la boca, se interrumpían y se faltaban al respeto.

- Si después de una discusión, alguna de las partes se iba de casa de malas maneras, dando un portazo y sin avisar de adónde iba ni cuándo volvería.

- Si había manipulación o no. Por ejemplo, usar el silencio castigador durante días (retirar la palabra para hacer sentir culpable al otro y demostrar tu enfado) o llevar a cabo la ley del hielo (responder solo con monosílabos, no contestar los mensajes o llamadas, no mirarse a la cara, cancelar planes en común, etc.).

- Si cuando alguna de las partes se sentía mal o tenía un problema podía expresar lo que sentía de manera abierta y validada, o si, por el contrario, nunca se habló de temas difíciles o incómodos que produjesen emociones desagradables.

- Si la gestión de la economía familiar se hacía a través de cuentas separadas o de una cuenta conjunta, si se aportaba a casa la misma cantidad de dinero o no, etc.

- Si hubo agresividad, violencia, abuso, maltrato o no.

- Si se habló de sexualidad con normalidad o por el contrario se hizo de manera despectiva desde la vergüenza o la culpa porque se veía como algo sucio.

Te invito a que reflexiones un poquito sobre esto. A que mires dentro de ti y de tu historia. Dentro de lo que pasó hace años y dentro de lo que está pasando hoy. Sin miedo. ¿Ves alguna similitud?

EL ENTORNO ESCOLAR: TUS PRIMEROS IGUALES Y EL *BULLYING*

Casi seguro a estas alturas ya tendrás claro que el ambiente familiar que tuviste durante tu infancia y tu adolescencia tiene mucho que ver con la manera en la que te ves ahora y la forma en la que te vinculas con los demás. Sin embargo, no me gustaría terminar esta primera parte de autoconocimiento sin hablar de la importancia que tiene el entorno social durante esta misma etapa. Y es que cuando hablamos de apego y heridas emocionales, solemos centrarnos mucho en lo que pasaba dentro de casa porque hay una alta probabilidad de que tus principales figuras de apego de la infancia fuesen personas de tu familia o personas que convivían contigo. Pero, ahora bien, ¿qué pasa con el entorno social? Porque puede que las personas que cuidaban de ti en casa te brindaran un entorno seguro. Puede que incluso te hicieran sentir orgullosa de ser quien eras, que te empoderasen. Pero ¿qué pasaba cuando llegabas al colegio? ¿Cómo te sentías cuando te levantabas por la mañana y tenías que ir a clase? ¿Tenías muchos amigos o pocos? ¿Se metían contigo? ¿Tenías algún mote que no te gustase? ¿Eras de los primeros a los que elegían en los juegos por equipos o por el contrario eras la persona con la que nadie quería jugar?

Y es que en consulta me he encontrado con muchísimas personas que, aunque crecieron en un ambiente familiar seguro, tuvieron un entorno escolar inseguro donde les hicieron mucho daño. Donde se rieron de ellas, las insultaron y las vejaron. Y donde incluso las agredieron física o sexualmente.

Pero para entenderlo mejor, quiero contarte el caso de Carmen, una chica que empezó su proceso de terapia porque sentía que su autoestima estaba muy desregulada. Durante las primeras sesiones profundizamos un poquito más en su historia de vida y descubrimos que, aunque sus padres la habían tratado muy bien, con mucho cariño y mucho amor y la habían enseñado a validar sus emociones y a sentirse orgullosa de ser quien era, en el colegio la habían machacado de una forma brutal no solo a nivel físico, sino también a nivel emocional.

Para Carmen cada mañana era un infierno. Llegaba al colegio y un grupo de niños empezaba a reírse de ella, nada más verla. Cuchicheaban a sus espaldas, le tiraban piedras en el patio y nadie quería jugar con ella. En clase la llamaban «la apestada» ya que tampoco nadie se quería sentar a su lado en el pupitre. Así que creció en un ambiente muy contradictorio en el que, por una parte, todos los días recibía afecto y amor en casa, pero, por otra, cuando llegaba al colegio, la exclusión, la agresividad y la humillación eran su pan de cada día.

Como consecuencia, todas las mañanas, dos partes internas

suyas luchaban por ganar una batalla que la destrozaba. Por un lado, habitaba en ella la parte que se sentía orgullosa de sí misma gracias a las palabras de reconocimiento y el amor de sus padres. Pero, por otro lado, estaba la parte que se avergonzaba de ser quien era, de su aspecto físico y de sus gustos. La que se sentía repelente y odiosa. Y ya te puedes imaginar qué parte ganaba, ¿verdad? Efectivamente, la que se sentía un ser despreciable.

De esta manera, Carmen aprendió dos cosas:

1. Sus padres solo le decían todas esas cosas bonitas y le demostraban ese afecto por el simple hecho de que eran sus padres y no les quedaba otra.
2. De puertas hacia fuera, era un ser horroroso, que no se merecía ningún tipo de apoyo ni amor y que lo mejor era que pasara lo más desapercibida posible para que así nadie se pudiera meter con ella.

¿Y sabes qué? Que esto no pasó solo durante su infancia, sino que fue algo que la acompañó también durante toda su adolescencia. Y durante la adolescencia, es cuando el grupo de iguales pasa a ser una de las cosas a la que más prioridad le damos y que más nos importa. Durante esa etapa sentimos la necesidad de gustar, de encajar. Necesitamos saber que tenemos un grupo de amigos o amigas que nos acepta, que nos quiere y que nos valora. Necesitamos sentir que pertenecemos a algo.

Así que, en ese momento, te da igual si en tu casa te ven bien o mal, si piensan que eres válida o no. Porque, ¿de qué me sirve eso si luego me siento una marginada con la gente de mi edad?

Así que ya te podrás imaginar cómo moldeó esto la percepción que Carmen tenía de sí misma y las consecuencias que esto había generado en ella como persona adulta. Y es que cuando llegó a consulta por primera vez, se definió como una persona rara, tímida, a la que le costaba mucho encajar y que no tenía muchos amigos. ¿Adivinas por qué no tenía amigos? Correcto, ¡¡porque no salía apenas de casa!! Le atemorizaba la idea de volver a sentirse un bicho raro, menospreciada y odiada.

Su casa se había convertido en su refugio, en su único lugar seguro. El único lugar en el que sentía que podía ser ella misma sin que nadie la juzgara. Solo salía con un grupo muy reducido de chicas a las que consideraba sus amigas. Sin embargo, esa relación tampoco era muy sana y esas chicas tampoco es que la trataran muy allá.

Si recuerdas aquello que hemos hablado en el capítulo 1 de las heridas emocionales, Carmen es el ejemplo clarísimo de la **herida de humillación**. Herida que, en su caso, no se había generado dentro de casa, sino fuera de ella. Y una herida que llevaba muchos años sin ser atendida. Pero, por suerte, después de mucho trabajo personal, conseguimos sanar esa herida y que Carmen pudiese sentirse bien con ella misma y con los demás.

Así que como ves, el ambiente familiar no es lo único que influye en la manera en la que tú te relacionas con los demás en la actualidad. Porque, en definitiva, **somos lo que somos ahora por cómo nos hicieron creer que éramos en el pasado las personas que nos rodeaban**, independientemente de que fueran tus padres, tus educadores o tus «amigos».

Segunda parte

CÓMO
QUIERO
EN EL PRESENTE

CÓMO ME QUIERO
A MÍ MISMA:
HABLEMOS DE AUTOESTIMA

LA FORMA COMO ME VEO TIENE MUCHO QUE VER CON CÓMO ME VEN LOS DEMÁS

Cuando era adolescente hablaba mucho con mis amigas de la autoestima. De hecho, te diría que era una palabra que teníamos siempre en la boca. Sin embargo, solo hablábamos de ella para referirnos a aspectos físicos. Por ejemplo, nos decíamos cosas como: «Tía, llevo un tiempo que me noto la autoestima por los suelos y no me veo bien con nada de lo que me pongo» o «Últimamente no estoy contenta con mi cuerpo y cada vez me noto peor la autoestima». Sin embargo, ninguna nos decíamos: «Tía, este tío te está mareando mucho, empieza a poner límites o al final tu autoestima quedará dañada». Y es que para nosotras la autoestima solo consistía en estar contentas con nuestro cuerpo y sentirnos bien con nosotras mismas a nivel físico. La relacionábamos con las inseguridades y los complejos. Con vernos bien o mal delante del espejo. Todo superficial.

Pero conforme fui creciendo, estudiando y formándome, entendí que la autoestima iba mucho más allá de eso. Entendí que, para tener una autoestima sana y regulada, tengo que sentirme bien con mi cuerpo, cuidarlo y respetarlo, pero también tengo que sentirme bien con mi parte personal. Tengo que cuidarme y respetarme. Y para eso puede que tenga que hacer cosas como:

- Poner límites.
- Saber decir que no.
- Soltar una relación que me haga daño.
- Dedicar tiempo a estar a solas conmigo misma.
- Escucharme, valorarme y priorizarme.
- Y un largo etcétera que veremos más adelante.

Y es que, cuando hablamos de autoestima, nos referimos a la imagen que tenemos de nosotras mismas y a la valoración que hacemos de ella. Esta percepción que tienes de ti misma ahora puede que no haya sido siempre igual porque la autoestima no es estática, sino que va cambiando y se va moldeando con el paso del tiempo. Fluctúa según tus vivencias y tu contexto y se basa en lo que pasa tanto dentro de ti, como fuera.

Pero la imagen que tienes ahora de ti también tiene mucho que ver con cómo te vieron los demás cuando eras pequeña. En el entorno en el que creciste, en tu estilo de apego y en las heridas emocionales. En concreto tiene mucho que ver con tres cosas:

1. Con lo que te dijeron.

2. Con lo que te hicieron creer.

3. Con lo que te hicieron sentir.

Y aunque te diría que estas tres cosas están tan relacionadas que podrían ir de la mano, quiero que las veamos por separado.

Lo que te dijeron

Te dejo aquí un diálogo que suelo tener a menudo con mis pacientes cuando trabajamos la autoestima y de momento les lanzo esta pregunta:

Yo: ¿Qué comen los monos?

Paciente: Plátanos.

Yo: ¿Pero tú alguna vez has visto a un mono comerse un plátano?

Paciente: Diría que no.

Yo: Entonces ¿por qué sabes que los monos comen plátanos?

Paciente: Porque me lo han dicho tantas veces que he pensado que es cierto y me lo he creído.

Pues sí, amiga, las etiquetas funcionan exactamente así. No hay persona en la Tierra que no cargue a sus espaldas con una (o varias) etiquetas que le pusieron de pequeña. Adjetivos que te han repetido hasta la saciedad y que al final has aceptado como tuyos, como parte de lo que te define. El problema de estas etiquetas es que:

- Seguramente no sean ciertas.
- Te estén dando una visión sesgada de ti y poco realista.

Para entenderlo mejor, quiero contarte el caso de una de las personas maravillosas a las que he tenido la suerte de acompañar en consulta.

Ángel

Ángel llegó a mi consulta porque tenía problemas a la hora de hablar en público. Se sentía muy inseguro y juzgado cuando tenía que hacerlo porque pensaba que eso era algo que a él no se le daba bien. Se ponía muy nervioso, temblaba, sudaba e incluso tartamudeaba.

En nuestra primera sesión, se disculpó siete veces por «ser un pesado», «aburrirme con sus historias» y «no saber resumir e ir al grano». Así que indagamos un poquito en su historia de vida.

Resulta que, durante toda su vida, en casa le habían dicho que era muy pesado cuando contaba las cosas ya que no se le entendía bien, daba muchos detalles y eso aburría a los demás. Así que cuando Ángel intentaba contar algo a sus padres o a sus hermanos, estos siempre le decían lo mismo: «Joder, Ángel, resume, tío, que al final nos aburres» o «Mira que es complicado seguirte el hilo, a ver si aprendes a hablar bien».

Sin embargo, te puedo asegurar al 100 % que esto no era real. Ángel sabía sintetizar perfectamente y tenía una capacidad de expresión brutal. Sin embargo, él había crecido pensando que esto no era así y se había ido sintiendo cada vez más pequeñito hasta que había llegado al punto en el que se sentía incapaz de enfrentarse a esas situaciones.

Como ves, aquello que nos han dicho durante toda nuestra vida forma parte de cómo yo me defino en la actualidad. Pero como digo, e insisto, que te lo hayan dicho muchas veces, no significa que sea cierto, ni mucho menos, que sean cosas que te definan.

Y puede que ahora estés pensando: «Muy bien, Elena, pero ¿y qué pasa con las etiquetas positivas? Por ejemplo, que toda mi vida me hayan dicho que soy una persona honrada, trabajadora y agradecida». Pues te diré que, aunque sean positivas, tampoco tienen por qué definirte. Porque, al fin y al cabo, no dejan de ser impresiones, pensamientos o creencias que otras personas tienen sobre ti.

Así que ahora quiero proponerte un ejercicio para que puedas desprenderte de todas aquellas etiquetas que te han acompañado durante toda la vida pero que NO te definen:

ME DESPRENDO DE MIS ETIQUETAS

Piensa en todas esas etiquetas que te han puesto desde que eras muy pequeña. En aquellas que te acompañan hasta la actualidad independientemente de si son cosas físicas, personales, positivas o negativas y escríbelas a continuación. Ahora hazte estas preguntas sobre cada una de ellas:

- ¿Por qué me decían esto?
- ¿Con qué conductas o acciones justificaban dicha etiqueta?
- Ahora, como adulta, ¿me sigo viendo reflejada en esa etiqueta? ¿Por qué?
- ¿Siento que es algo que me define realmente?
- Quiero seguir cargando con esta etiqueta?

Probablemente hayas comprobado que muchas de esas etiquetas no te pertenecen. Así que ha llegado el momento de dejarlas atrás. Para hacerlo de forma simbólica, puedes escribirlas en un papel y luego tirar el papel a la basura o romperlo en mil pedazos.

Lo que te hicieron creer

Tengo una amiga a la que una vez su novio le regaló un viaje sorpresa por su cumpleaños. Y lejos de hacerle ilusión, lo que ese viaje regalo despertó en ella fue un sentimiento inmenso de culpabilidad. Se sentía culpable de que alguien estuviese gastándose su dinero en ella. Sentía que era demasiado para una persona como ella. Sentía que no se merecía que le hicieran semejante regalo porque ella no se merecía cosas buenas.

Mientras me lo contaba, yo no pude evitar emocionarme. Me daba una pena tremenda que una persona tan buena, tan cariñosa, tan generosa y humilde como ella se estuviera sintiendo así de mal porque alguien tuviese un detalle con ella. Me dolía en el alma saber que ella creía que no se merecía cosas buenas.

Y es que puede ser que durante toda tu vida te hayan tratado con cariño y afecto. Te hayan enseñado lo que está bien y lo que está mal en una relación. Pero también puede que hayas tenido que vivir en un ambiente muy negligente, peligroso e inseguro. Puede que te hayas acostumbrado a que te traten mal, tanto, que en el momento en el que alguien te trata bien te sientes mal por ello. Puede que hasta incluso pienses que no te lo mereces. Pero ¿sabes qué? **Tú no te merecías eso. Solo eras una niña sobreviviendo en un ambiente en el que no se sentía segura e hiciste frente a muchas situaciones que no fueron justas para ti** y, sobre todo, que no elegiste tú. Situaciones que tuviste que vivir por puro azar, porque no, nadie elige el entorno en el que nace.

Así que, si alguna vez has llegado a pensar, aunque solo fuese por un segundo, que no te mereces que te pasen cosas buenas, que te traten bien, que te hagan regalos o que te cuiden, lee esto con atención y repítetelo tantas veces al día como te haga falta:

NO HAY NADA DE MALO EN TI.
Eres una persona merecedora de AMOR.
Eres una persona merecedora de CUIDADO.
Eres una persona merecedora de RESPETO.
Te mereces que te pasen COSAS BUENAS.

Lo que te hicieron sentir

Esta quizá sea la parte más relacionada con las heridas emocionales. Concretamente con el cómo te hicieron sentir cuando eras pequeña. Puede que te sintieras desprotegida y, ahora, de manera inconsciente, busques esa protección en otras personas. O puede que te hicieran sentir débil porque nadie validó tus emociones. Y no solo eso, sino que a lo mejor también las ridiculizaron. Entonces puede que te dijeran cosas como:

- Qué floja eres.
- Siempre estás con la lagrimita.
- A ver si empezamos a ser un poco más fuertes.

Puede que te sobreprotegieran y te hicieran sentir incapaz de enfrentarte a las cosas por ti misma o incluso de tomar decisiones importantes. Y puede también que, como consecuencia de ello, sientas que dependes siempre de alguien para hacerlo todo.

Puede también que te exigieran tanto a nivel académico, que llegara un punto en el que te sintieras insuficiente o incapaz de lograr aquello que te propusieses.

Fuera como fuese, el cómo te hicieron sentir durante tu infancia y probablemente tu adolescencia puede que ahora haya generado una idea de ti misma que no es real y que esto haya afectado a algunas partes internas tuyas, como, por ejemplo:

- Tu **autoconcepto**, es decir, la percepción que tienes de ti misma. Por ejemplo, si te dijeron muchas veces que tienes las caderas anchas, la nariz grande o los ojos pequeños, puede que tú ahora te describas a ti misma de esta manera e, incluso, puede que esto te haya generado cierto complejo. Sin embargo, es posible que, si lo piensas bien, en realidad el tamaño de tus caderas, tu nariz o tus ojos sea algo que a ti no te disguste.
- Tu **autoeficacia**, es decir, la capacidad que tienes para lograr lo que te propones. Por ejemplo, si cada vez que tú

te proponías un reto, alguien iba y te decía cosas como: «Anda ya, ¡¿pero dónde vas tú haciendo eso?!» o «Eso para ti es imposible» o «No lo vas a conseguir», puede que ahora empieces en un trabajo nuevo y sientas que eres una impostora, que no vales para ese trabajo o que no eres capaz de cumplir con los objetivos que se te proponen.

- Tu **autoexigencia**, es decir, lo que te autoimpones para cumplir tus objetivos. Por ejemplo, si a nivel académico te exigieron mucho cuando ibas al colegio y daba igual lo que hicieras porque siempre era insuficiente, quizá ahora en tu trabajo intentes buscar siempre la perfección y te frustres cuando algo no sale como tú te esperabas o cuando algo da el mínimo error. Puede también que te sepa mal parar a descansar o delegar tareas.

- Tu **autorrespeto**, es decir, la forma en la que me cuido y me respeto. Por ejemplo, si lo que has aprendido siempre ha sido a ser muy complaciente con los demás, es posible que ahora te cueste (o te resulte imposible) poner límites o, incluso, que actúes de forma contraria a tus valores o a lo que tú realmente quieres, sientes y necesitas. Y, por tanto, al final siempre acabas priorizando el bienestar de los demás al tuyo propio.

POR QUÉ CAMBIA MI AUTOESTIMA

Ya hemos visto aquellos factores pasados que han podido afectar a tu autoestima de hoy. Así que quiero que ahora nos centremos en el presente, en lo que pasa a tu alrededor y dentro de ti ahora mismito.

Y es que, como hemos dicho, la autoestima no es estática y pueden pasar cosas en nuestra vida diaria que influyan directamente en ella. Puede que estés pasando por una mala época en el trabajo donde no te sientas valorada o puede que tu pareja te haya sido infiel y sientas que cualquier otra persona es mejor que tú. Sea lo que sea, **quiero que sepas que es completamente normal que cuando haya algún problema o cambio a tu alrededor, tu autoestima sufra algún que otro daño secundario**.

Así que vamos a ver algunas situaciones que pueden dañar tu autoestima tanto a nivel externo como a nivel interno. Puedes subrayar si quieres aquellas con las que te sientas identificada.

A nivel externo

→ Una relación tóxica e intermitente.

→ Relación de dependencia emocional.

→ Una relación de maltrato.

→ Una infidelidad de tu pareja.

→ Sufrir manipulación.

→ Empezar en un trabajo nuevo o un despido laboral.

→ Tener unas condiciones precarias en tu trabajo.

- → Una ruptura de pareja o de amistad.
- → Pasar por un proceso de duelo tras la muerte de un ser querido.
- → Un ambiente familiar inseguro.
- → Que tu grupo de amigos te excluya de los planes.
- → Abusos, del tipo que sea.
- → Recibir críticas constantemente por aquello que haces mal, pero ningún elogio por lo que haces bien.
- → No poder tener una vivienda digna.
- → Sufrir *bullying*.
- → Sentir que no tienes ningún tipo de red de apoyo.
- → Cambio de ciudad de residencia.

A nivel interno

- → Comparaciones constantes con los demás donde yo salgo la peor parada.
- → Tener una elevada autoexigencia.
- → Tener baja tolerancia a la frustración.
- → Perfeccionismo.
- → No poner límites en mis relaciones.
- → Decir a todo que sí, aunque no quiera, no me apetezca o no me vea con ganas.
- → Priorizar el bienestar de los demás al mío propio.

→ Responsabilizar a los demás de mi bienestar.

→ Tener un diálogo interno muy machacón conmigo misma.

→ Ir en piloto automático.

→ Crearme expectativas muy elevadas e irreales.

→ Tener poca tolerancia al error.

Como ves, son múltiples los factores que pueden afectar a tu autoestima y estoy segura de que alguno de ellos habrá resonado en ti. Pero tranquila, porque si sigues leyendo, encontrarás muchas herramientas para coger las riendas de la situación y empezar a cuidarte y quererte como toca.

CÓMO CUIDO MI AUTOESTIMA

Y aquí llega la pregunta del millón. La pregunta que sin duda más veces me han hecho a lo largo de mi carrera tanto en consulta como en redes sociales: «Elena, ¿qué puedo hacer para mejorar mi autoestima?». Obviamente, aquí yo siempre respondo lo mismo y es: depende. Porque en psicología, cada caso es un mundo y puede que lo que a ti te funcione o necesites no sea lo mismo que lo que tu mejor amiga pueda necesitar. Aun así, sí que es cierto que hay algunas cosas que podemos modificar de nuestro día a día que nos ayudarán a regular o sanar nuestra autoestima.

A mí, personalmente, me gusta enfocar el trabajo de la autoestima como un proceso de florecer. De hecho, cuando en consulta lo trabajo con mis pacientes, siempre se lo explico de la siguiente manera:

Imagínate que a ti te encantan los tulipanes rosas y quieres comprarte un ramo para ponerlo en tu casa. Pero buscas y buscas por todas las floristerías de tu ciudad y no encuentras tulipanes, solo semillas de tulipanes. Así que llega un momento en el que te das cuenta de que si quieres tener un ramo, primero vas a tener que plantarlos. Y no solo eso, sino que, si quieres que estos tulipanes crezcan sanos y fuertes, vas a tener que cultivarlos poco a poco, con mucho cariño, paciencia y dedicación. Pero, sobre todo, con mucho amor. Así que eso es precisamente lo que quiero que hagas con tu autoestima: que la cultives con mucho amor.

Y para eso, te dejo a continuación estas 10 semillas, para que las puedas cultivar tú misma con mucho mimo y consigas tener un ramo precioso de tulipanes rosas:

Semilla 1

ESCÚCHATE Y PRIORÍZATE

→ A menudo vamos en piloto automático y se nos olvida parar un momento a chequear cómo estamos. Así que para, para un poco y frena. Pregúntate cómo estás, cómo te sientes, qué necesitas, qué te hace falta, qué quieres, etc. Porque quizá tu cuerpo te está pidiendo a gritos algo, pero no lo estás escuchando porque no le estás dando el espacio que se merece. Porque sí, el cuerpo también nos habla. Nos habla en forma de síntomas como, por ejemplo, los síntomas de ansiedad. Y es que cuando sentimos que alguna emoción nos desborda, puede que haya algo que no esté yendo bien y, por tanto, tengamos que prestarle más atención.

→ Así que lo bueno de que aprendas a escucharte es que también puedes empezar a priorizarte. Porque muchas veces nos movemos basándonos en lo que los demás quieren o necesitan. Priorizamos siempre el bienestar de los demás y se nos olvida el nuestro propio. Pero, amiga, esto no puede seguir así. Porque, aunque ahora te cueste verlo, eres la persona más importante de tu vida y eso no se te puede olvidar jamás.

Semilla 2

ASUME TUS FORTALEZAS Y TUS DEBILIDADES

→ Hacer un trabajo de introspección para conocer qué partes de mí me gustan más y cuáles menos es importante. Porque así, puedo fortalecer aquellas cosas que me gusten y trabajar en aquello que no me guste para poder ser una mejor versión de mí misma. Y, ojo, no con la intención de agradar a los demás, sino con la única intención de sentirme bien conmigo misma. De estar a gusto con la persona que soy y caerme bien a mí misma.

Semilla 3

VALIDA TUS EMOCIONES

→ Basta de minimizar tus emociones o de mirar para otro lado y ponerles una tirita para que parezca que no están ahí. Todo lo que sientes está bien y es válido. Tienes derecho a estar enfadada, frustrada, molesta, cansada y hasta los ovarios de cierta persona. ¡Está bien! No hay nada de malo en eso. Son emociones, y tanto las agradables como las desagradables tienen una función y te ayudan a algo, aunque no lo creas. Por eso debes prestar atención también a esas emociones, escucharlas, validarlas y darles el espacio que merecen para así poder transitarlas.

Semilla 4

LÍMITES

→ Una vez que has empezado a escuchar, validar y transitar tus emociones, también puedes expresarlas. Puedes expresar tu disconformidad con algo o alguien, puedes expresar tu enfado o tu decepción con alguien, puedes decir que no a algo que no te apetece. Puedes decir hasta aquí. Y eso... ¡¡¡eso es una auténtica maravilla!!!

→ Ahora bien, también debes tener en cuenta que aquello que dices es importante, pero también es importante el cómo lo dices. Por eso, practicar la asertividad a la hora de poner límites es imprescindible. Es decir, que tratemos de comunicarnos, pero sin hostilidad, sin malas formas, sin alzar el tono de voz ni faltar al respeto. Eso sí, te adelanto que hacerlo puede que no te resulte nada fácil al principio. Así que no te preocupes si no te sale a la primera, es lo más normal del mundo. Tan solo se trata de entrenarlo e ir practicándolo poco a poco para que, al final, dé sus frutos.

Semilla 5

ALEJA DE TU VIDA AQUELLO QUE TE HACE DAÑO

→ Aunque esto es válido para personas y cosas, ahora voy a centrarme en las personas. Y para ello, hay una metáfora que me encanta y es la siguiente: «Imagínate que alguien viene a tu casa de visita y de pronto empieza a romper todos los muebles de tu casa, a tirar los jarrones al suelo o a pisotear las alfombras con zapatillas llenas de barro. Estoy segura de que jamás permitirías que alguien alterase la paz de tu casa con estos actos, ¿verdad?».

→ Pues ahora piensa que ese salón es tu vida. Piensa en esas personas que forman parte de tu vida ahora mismo y que lo único que hacen es alterar tu paz mental. Personas que no te respetan, personas que de alguna manera te están haciendo daño, bien porque su manera de comportarse contigo ha cambiado o bien porque ya no te aportan lo que te aportaban antes. Personas que no te cuidan o que simplemente se dedican a recibir, pero nunca a dar.

→ Y es que a las personas nos cuesta mucho soltar. Nos cuesta mucho entender que hay cosas y personas que, aunque en un pasado nos hicieron bien, felices y nos aportaron cosas buenas, ahora ya no lo hacen. Ahora nos duelen. Pero, aun así, decidimos aferrarnos a ese pasado y eso, obviamente, nos destroza. Así que ha llegado el momento de decirles adiós.

Semilla 6

CUIDA TU DIÁLOGO INTERNO

→ El diálogo interno es esa vocecilla que hay en tu cabeza que te habla todo el tiempo. La que te recuerda todo el rato todo lo que haces mal y lo mucho que te equivocas, pero que se queda muy calladita siempre que las cosas salen bien.

→ Esa voz suele ser muy crítica, muy machacona, como a mí me gusta llamarla. Porque se dedica única y exclusivamente a machacarte hasta acabar contigo. Por eso es importante que empecemos a hablarnos desde la autocompasión. Que entendamos que somos personas humanas, que no podemos llegar a todo, que nos podemos equivocar y no pasa nada porque de los errores se aprende. Y si la cagas mucho mucho, pues te responsabilizas de las consecuencias y listo. Porque insisto, eres humana, no eres perfecta y te vas a equivocar.

Semilla 7

POTENCIA EL AUTORRESPETO

→ Estoy segura de que, si tu mejor amiga viniese a contarte que ha cometido un error, lo último que le dirías serían cosas cómo:

- Joder, tía, si es que con lo tonta que eres te lo has ganado a pulso.
- Es que eres idiota y no aprendes, siempre te pasa lo mismo.

- Te lo mereces por pava.
- Normal que te hayas equivocado, porque es que se te da fatal!

→ En serio, me juego mi ramo de tulipanes a que esto sería lo último que le dirías. Básicamente por la sencilla razón de que, si le dijeses todo eso, no la estarías tratando bien y le estarías faltando al respeto. Así que ahora te pregunto:

→ Si a tu amiga no se lo dirías jamás, ¡¿por qué a ti te lo repites todo el rato?! Porque ya hemos quedado en que eres la persona más importante de tu vida y, por tanto, eres la persona a la que más debes tratar con cariño y autocompasión.

→ Así que para empezar a aplicar el autorrespeto, empieza por respetarte a ti misma. Y eso no solo engloba tratarte con cariño y autocompasión, sino también respetar tus propios límites, actuar en función de tus valores y tus creencias o no ceder ante personas o situaciones en las que no te vas a sentir cómoda.

Semilla 8

PRACTICA EL AUTOCUIDADO

→ Realmente el autocuidado también forma parte del autorrespeto. Así que cuando hablo de autocuidado, no hablo del *skincare*, que también es autocuidado si a ti te hace bien, claro. Hablo de cuidarte bien, por fuera y por dentro. Y para eso es importante que te regales tiempo de calidad a ti misma.

→ Estas son algunas cositas que puedes hacer para potenciar tu autocuidado:

- Tener una alimentación saludable y equilibrada.
- Hacer deporte de manera regular.
- Realizar actividades que te generen bienestar como, por ejémplo: pasear por la playa, hacer una ruta de montaña, quedar con amigas, etc.
- Cuidar tu higiene del sueño para descansar bien.
- Rodearte de personas que te sumen.
- Empezar a poner límites en el trabajo.
- Dejar de cargar con aquellas responsabilidades que no te pertenecen.
- Tener tiempo libre.
- Pasar tiempo en contacto con la naturaleza.

Semilla 9

PRACTICA LA GRATITUD

→ Sé que esto te puede parecer una tontería, pero empezar

a dar las gracias y dejar de lado la queja tiene muchos efectos positivos en tu bienestar. Y es que muchas veces nos acostumbramos tanto a las cosas, que acabamos dándolas por hecho. Por ejemplo, imagínate que mi pareja me hace todas las mañanas el café mientras yo me ducho. La primera vez que lo haga me sorprenderá y le daré las gracias, pero si sigue haciéndolo, me acostumbraré a ello y al final acabaré dándolo por hecho. El problema es que se me olvidará que él no tiene ninguna obligación de hacerlo, sino que lo hace porque quiere y lo hace, sobre todo, porque sabe que a mí me gusta. Así que en vez de quitarle valor y tomarlo como una costumbre, no estaría de más que se lo agradeciese con mayor frecuencia.

→ Además, también es cierto, que, de manera habitual, tendemos a enfocarnos en lo negativo, en lo que no tenemos y en lo que nos falta y, al final, se nos acaba olvidando todo lo positivo, lo que sí tenemos y lo que nos hace sentir bien.

→ Así que ahora te propongo un **ejercicio** rápido para poner en práctica la gratitud:

Todas las noches, antes de dormir, piensa en 3 cosas positivas que te hayan pasado a lo largo del día y anótalas en una libreta. Es decir, tres cosas que te hayan producido sensaciones agradables. Pueden ser cosas tan sencillas como el «buenos días» de la persona que te ha atendido en la panadería, el abrazo de alguien a quien quieras mucho, un mensaje, una llamada...

Al principio quizá te cueste un poquito, pero poco a poco irás viendo cómo esa lista de solo tres cosas se te quedará corta.

Semilla 10

VE A TERAPIA

→ Así, tal cual, como lo lees. Eso sí, ojito, que no todo el mundo necesita ir a terapia. Pero sí que es cierto que, si lo necesitas de verdad, ir a terapia puede ser uno de los mayores actos de amor que puedas tener contigo misma. Porque eso te ayudará a sanar y reparar todo lo que puede que esté roto ahora. Y aunque el proceso de terapia pueda ser complicado a veces y te remueva, a largo plazo es algo maravilloso.

→ Y por si a alguien le quedara alguna duda: NO, ir a terapia o pedir ayuda del tipo que sea no te hace más débil ni peor persona. Todo lo contrario.

Y ahora que ya la conoces, espero que puedas cultivar todas y cada una de estas diez semillas. Y sobre todo que, de aquí a un tiempecillo no muy lejano, florezcan en tu vida y en tus relaciones unos tulipanes bien grandotes.

CÓMO QUIERO
A LOS DEMÁS

MITOS DEL AMOR ROMÁNTICO

¿Cuántas pelis, series u obras de teatro has visto desde que naciste? Probablemente, muchas. Pues también es muy probable que en la mayoría de ellas hayas visto representadas muchas conductas tóxicas e, incluso, de maltrato, disfrazadas de «actos de amor verdadero». Por ejemplo:

- Aguantar faltas de respeto y traiciones porque el amor todo lo puede.
- Serle infiel a tu pareja para demostrarle lo que se pierde si te deja o incluso para hacerle sentir celos.
- Usar la violencia para defender a tu pareja.
- Mentir a tu pareja para ganarte su amor.
- Tener discusiones infernales que acaban en la cama con un sexo descomunal.
- Amenazar a tu pareja con hacerte daño para conseguir una cita, que no te deje o que haga algo que tú quieras.
- O sentir muchos celos como señal de amor.

Y el problema de todo esto no es que nos hayan mostrado estas conductas tóxicas como tal. No. El problema es que nadie nos ha dicho: «Oye, esto es una conducta tóxica. Esto está mal y esto no es amor. No lo hagas en tu casa». De hecho, más bien ha sido todo lo contrario. Nos las han puesto en las narices como si fuese algo bonito y romántico. Y, obviamente, como consecuencia de ello, hemos normalizado estas conductas y ahora puede que tú las estés repitiendo en tu relación o puede que, por el contrario, las estés aguantando de tu pareja.

Sea como sea, todo esto puede que te haya hecho tener una idea equivocada y sesgada del amor. Así que ha llegado el momento de descubrir si alguna de estas creencias ha calado en ti. Para eso, vamos a jugar. A continuación, tienes un cuestionario con algunas de estas creencias y me gustaría que reflexionaras sobre ellas y marcaras con una X si crees que son verdaderas o falsas. Recuerda que es solo un juego, totalmente fuera de juicio y que el único propósito es aprender.

CREENCIA	Verdadera	Falsa
Más vale lo malo conocido que lo bueno por conocer.		
Si duele, no es amor.		
Quien bien te quiere, te hará llorar.		
El amor puede con todo.		
El amor de verdad es incondicional.		

Si has marcado alguna de ellas como verdadera, puede que esa creencia esté interfiriendo de manera negativa en tus relaciones de pareja, ya sea en la manera en la que tú quieres a los demás o en la manera en la que los demás te quieren a ti, porque puede que estés aceptando conductas que no deberían ser aceptadas en ninguna relación. El caso es que todas ellas son falsas porque forman parte de los **mitos del amor romántico**, es decir, creencias erróneas sobre el concepto del amor que han arraigado muy fuerte dentro de nosotras pero que no son reales. Así que vamos a desmontarlos y a darle la vuelta a todos estos mitos.

«Más vale lo malo conocido que lo bueno por conocer»

Es incalculable la de veces que habré escuchado esta frase. De hecho, estoy segura de que tú también la habrás escuchado mucho. El problema es que aceptar esta creencia como verdadera:

- Nos aleja del amor sano.
- Nos impide soltar.
- Nos hace aferrarnos a relaciones muy dañinas.
- Incrementa la posibilidad de desarrollar dependencia emocional.

Así que no, para nada. Para nada es mejor quedarse en un sitio donde no se te valora, no se te cuida o no se te respeta.

Y sé que esto puede parecer muy obvio, pero te aseguro que hay muchos casos en los que no lo es. De hecho, me he encontrado a muchas personas en terapia que se repiten esta frase como forma de protección. Sí, así como lo oyes. Porque hay muchas personas que sin darse cuenta acaban metidas hasta el fondo en relaciones tóxicas, agresivas e inseguras. Y si por desgracia lo has vivido alguna vez, sabrás de lo que te hablo. Así que cuando vives eso, pueden pasar dos cosas: la primera es que llegue un momento en el que te das cuenta de dónde estás y decidas salir de ahí, aunque no sepas cómo porque ya has vivido antes lo que es el amor sano de verdad y sepas que lo que estás viviendo no lo es. U opción dos: que nunca hayas vivido el amor sano y creas que eso es lo único que hay y entonces pienses que es mejor quedarte ahí, en esa relación y con esa persona a la que sientes que «ya conoces» antes que salir de tu zona conocida porque piensas que lo que te encontrarás después será peor.

Pero para entender esto un poco mejor, me gustaría compartir contigo la metáfora del pájaro y la jaula. Una metáfora que uso mucho en mis sesiones de terapia y que dice así:

Imagínate que coges a un pájaro recién nacido y lo metes dentro de una jaula. Una jaula muy grande y bonita, pero una jaula, al fin y al cabo. Si dejas al pájaro durante mucho tiempo ahí metido, al final se acabará acostumbrando a vivir ahí, porque, aunque no esté cómodo y no se sienta bien, será lo único que conoce y pensará que eso lo que le ha tocado vivir.

Así que si algún día, de repente, tú decides abrirle la puerta e invitarlo a salir de la jaula, puede que el pájaro se quede paralizado y no se atreva a salir porque le dé mucho miedo enfrentarse a lo desconocido, e incluso puede que haya olvidado que tiene la capacidad de volar.

Así que por si las moscas, si en este momento tú estás viviendo una situación parecida en la que te sientes como ese pájaro dentro de la jaula, grábate esto a fuego: **no es que no tengas la capacidad de volar, es que has perdido la práctica**. Pero eres capaz. Eres capaz de hacerlo. Eres capaz de volar y de salir de la jaula. Eres capaz de dejar atrás esa relación dañina, aunque ahora mismo lo veas imposible y aunque te cueste una barbaridad hacerlo. Aunque necesites ayuda. Pero puedes. Porque te mereces cosas buenas y que te traten bien. Te mereces cariño, amor y seguridad. Que te cuiden, te respeten y te valoren.

Así que vamos a hacer un ligero cambio en esta creencia. Vamos a cambiar eso de «más vale lo malo conocido que lo bueno por conocer» por:

MÁS VALE SALIR DE LA JAULA
y explorar nuevos mundos, aunque me dé
miedo volar, **QUE QUEDARME ENCERRADA
PARA SIEMPRE**.

«Si duele, no es amor»

Puede que este haya sido uno de los que marcaste como verdadero y tengo que reconocer que estaba puesto un poquito para pillarte. Y sé también, que con esto puede que haya algunas personas que no estén de acuerdo conmigo. Pero al principio de este libro ya te he contado que para mí el amor es una mezcla de muchas cosas, muchas emociones y muchas sensaciones. Algunas de ellas son agradables y, otras, no tanto.

Entre todas esas cosas que no son tan agradables, se encuentra el dolor. Porque la persona que me diga que no lo ha pasado mal en algún momento por amor, me estará mintiendo. Porque a veces nos enfrentamos a situaciones que, aunque sean muy sanas, duelen muchísimo. Por ejemplo:

- Duele mucho ver a tu pareja pasar por un momento complicado en el que no puedes hacer nada para ayudarle.
- Duele que tu pareja y tú decidáis dejar la relación porque creéis que será lo mejor, aunque os sigáis queriendo mucho.
- Duele enamorarte de una persona que no está enamorada de ti.
- Duele tener una relación a distancia y no poder abrazar a tu pareja de manera habitual.
- Duele perder a tu pareja por fallecimiento.

Todo esto duele, por supuesto que duele. Pero sigue siendo amor, ¿verdad? Así que sí, el amor a veces también puede producir dolor. Pero ese dolor nunca y bajo ningún concepto será generado de manera intencionada por la otra persona.

Para hacer la modificación en esta creencia, vamos a cambiar eso de «si duele, no es amor» por:

«El amor puede doler y seguirá siendo amor.
**Siempre y cuando el daño no se haya producido
de manera intencionada**».

«Quien bien te quiere te hará llorar»

Básicamente este mito nos hace creer que el amor es un sacrificio en el que hay que aguantar y tolerar el sufrimiento ocasionado por tu pareja. Lo cual implica: castigos, lloros, invalidación emocional, faltas de respeto y un largo etcétera de cosas insanas. Y es que, como acabamos de ver, el amor SOLO puede doler cuando ese dolor esté provocado de manera no intencionada o sea un daño colateral de situaciones ajenas a ti o a tu pareja. Porque cuando alguien te hace daño de manera premeditada, siendo consciente del malestar que eso te va a provocar e intentando darte algún tipo de lección, es que no te quiere o, al menos, que no sabe quererte bien.

Puede que ahora mismo estés en una relación en la que te sientas dolida algunas veces. Así que aquí te dejo una lista de situaciones y conductas que pueden doler y que NO representan AMOR. Para que puedas detectarlas con tiempo y ser consciente de lo que significan:

- Que tu pareja te haga sentir celos de manera intencionada para que «espabiles» y sepas lo que te pierdes si decides dejarle.
- Que tu pareja te haga sentir inferior todo el tiempo porque te compare de manera constante con otras personas.
- Que cuando haces algo que a tu pareja no le parece bien, ponga en práctica el silencio castigador para que sepas que está molesta y te disculpes.
- Que tu pareja minimice tu malestar o tu dolor y te diga que eres débil, exagerada o que estás loca.
- Que tu pareja ejerza sobre ti la manipulación.
- Que tu pareja te sea infiel o te traicione de cualquier otra manera sabiendo el malestar que te va a ocasionar.
- Que se ría de ti en público y te humille para hacerse el gracioso o graciosa.
- Que cuando salgas de fiesta con tus amigas o amigos te escriba de manera constante, impulsiva y agresiva por mensaje haciéndote ver lo mal que te «estás portando» con ella por el simple hecho de salir, o incluso que te insulte.
- Que tu pareja te deje solo en medio de una discusión mientras lloras o te encuentras mal para que así «aprendas» y la próxima vez «te controles» un poquito más.

Para hacer la modificación en esta creencia, vamos a cambiar eso de «quien bien te quiere te hará llorar» por:

QUIEN BIEN **TE QUIERE...**
te **cuida**, te **ayuda**, te **respeta**, te **valida**,
te **admira**, te **valora** y te **protege**.

«El amor puede con todo»

Sin duda alguna, para mí este es el mito de los mitos. Hemos romantizado en exceso el amor, pero, claro, cómo no vamos a hacerlo si cada vez que se representa el amor lo hacemos con colores como el rosa, el rojo, corazones, estrellas, lucecitas... Vaya, que parece que el amor es el país de la piruleta donde todo es bonito, perfecto y maravilloso. Parece también que puede luchar contra viento y marea de manera incansable porque el amor puede con todo.

Pero como ya has leído y como supongo que ya habrás podido comprobar en tus propias carnes, esto no es así. El problema es que creer que el amor sí puede con todo implica que da igual lo que pase en nuestra relación, sea bueno o malo, que mientras haya amor, todo vale. Y, no, no todo vale. Porque el amor es necesario en una relación, pero no suficiente.

Porque de qué me sirve a mí que me quieras mucho si después vas a hacer cosas como, por ejemplo:

- No respetar mis límites.
- Quitarle importancia a aquello que me preocupe.

- Hacerme sentir mal por estar triste.
- Menospreciarme a mí o a mi trabajo.
- Burlarte de mis gustos.
- Comunicarte conmigo de manera agresiva.

En definitiva, que el amor no tiene la capacidad (ni debe) aguantarlo y superarlo todo. En este caso, para hacer la modificación en esta creencia, vamos a cambiar eso de «el amor puede con todo» por:

El amor
NO PUEDE con todo.

«El amor de verdad es incondicional»

Nos han vendido mucho (sobre todo, en la música) que eso de que el amor sea incondicional es superbonito y romántico. De hecho, nos creemos que es la mejor forma de querer, así, tal cual, sin condiciones. Pero es que resulta que eso es mentira. Porque el amor jamás debería ser incondicional. Porque la incondicionalidad implica una falta de límites. Y sin límites, no hay ninguna relación que se construya de forma sólida y sana.

Así que, si quieres tener relaciones sanas, estables y duraderas, ese amor debe tener condiciones. Debe tener unos límites y debe haber una comunicación muy clara y asertiva sobre lo que sí quiero y tolero en una relación y lo que no tolero ni quiero en esa relación.

Por eso, para hacer la modificación en esta creencia, vamos a cambiar eso de «el amor tiene que ser incondicional» por:

El **AMOR SANO**
debe tener **límites** y **condiciones**.

TU PRIMERA RELACIÓN DE PAREJA

Hay una muy alta probabilidad de que tu primera relación de pareja vaya fatal. Y no, esto no es casualidad. La mayoría de las personas, llegamos a nuestra primera relación de pareja sin tener ni idea de lo que es una relación de pareja. Quiero decir, sabemos más o menos en qué consiste el rol de pareja, pero no tenemos ni idea de cómo cuidar y mantener esa relación. No tenemos ni idea de límites, de cómo solucionar bien los conflictos, de cómo comunicarnos de manera asertiva o de cómo validar las emociones de nuestra pareja. No tenemos esas herramientas y si las tenemos, es probable que no sean las adecuadas. Así que improvisamos sobre la marcha y hacemos lo que buenamente podemos.

El problema es que al improvisar solemos meter la gamba bastante. Porque, aunque pensemos que estamos improvisando, lo que en realidad estamos haciendo es repetir patrones y conductas que hemos aprendido con el tiempo tal y como decía en la primera parte del libro. Y aquí es donde entra mucho en juego lo que hayas visto en tu casa: la forma de gestionar los conflictos o la economía, el hablar o no de emociones o situaciones desagradables, pedir ayuda, mostrarse vulnerable, controlar, desconfiar, depender, etc.

Así que salvo que lo que hayas aprendido o vivido haya sido supersano o que te hayan explicado muy muy bien la diferencia entre lo que es sano y lo que no, seguramente en tu primera relación de pareja reproduzcas muchas de las conductas tóxicas que hayas integrado.

Otras veces también lo que nos pasa es que, al no haber tenido nunca pareja, idealizamos mucho eso de tener una relación. Entonces, cuando aparece esa primera persona que nos enamora con locura y decidimos empezar nuestra primera relación de pareja en plan serio, nos sentimos muy bien porque por fin hemos «logrado» ese objetivo con el que tanto tiempo hemos soñado. Así que, obviamente, al ser algo que hemos idealizado tanto y de lo que nos hemos creado unas expectativas altísimas, pues no queremos que se termine. Y entonces, en un intento de proteger la relación, acabamos aguantando cosas que no debemos o actuando de forma tóxica. Pero, ojo, que esto es supercomún. Es normal tener alguna conducta tóxica en algún momento puntual de tu vida o de tus relaciones y eso no significa que seas una persona tóxica. De hecho, es algo habitual, sobre todo al principio, cuando aún no has aprendido lo que es el amor sano. Por eso es tan importante saber detectar estas conductas tóxicas para así no llevarlas a cabo o poder detectar si somos nosotros los que las estamos sufriendo en primera persona.

En resumen, independientemente de si tu primera relación de pareja ha ido mal o bien o si aún no la has tenido, recuerda que esto de las relaciones es un aprendizaje constante. Y cuando una relación se termina es porque ha habido algo que no ha ido bien. Por eso, pensar en tus relaciones anteriores, en aquellas que han ido mal y hacerte las siguientes preguntas puede que te ayude a extraer algún tipo de aprendizaje para no repetirlo en tus próximas relaciones.

Ahora lee estas preguntas con calma. Tómate tu tiempo para reflexionar sobre ellas y después puedes coger un lápiz y contestarlas aquí mismo:

¿Por qué se terminó la relación?

¿Qué conductas de mi pareja me hicieron sentir mal?

¿Hice yo algo que pudiera hacerle daño a mi pareja?

¿En qué situaciones me sentía peor?

Si hubiese tenido una varita mágica, ¿qué cosas habría cambiado de la relación sin dudarlo?

¿Qué cosas no me gustaría revivir de esa relación?

¿He podido sacar algún aprendizaje de esa relación?

RELACIÓN TÓXICA
VS. RELACIÓN DE MALTRATO

Hoy en día, por suerte, se habla mucho de relaciones tóxicas, conductas tóxicas, narcisismo, manipulación, maltrato, etc. Sin embargo, aún hay veces en las que nos cuesta diferenciar si una relación es tóxica o de maltrato. Por eso creo que ya ha llegado el momento de entenderlo bien, para poder detectarlo rápido y no quedarnos en relaciones que no nos hacen bien. Para eso quiero contarte el caso de Elena, o sea yo. Porque por desgracia viví dos relaciones muy dañinas que, aunque fueron horrorosas y me hicieron pasarlo realmente mal, ahora me vienen como anillo al dedo para mostrarte la diferencia.

Cuando tenía 15 años, en plena adolescencia, tuve mi primer novio, al que vamos a llamar Adrián. La relación con este chico duró unos ocho o nueve meses y aunque durante la relación no pasó nada «raro», el maltrató llegó después de la ruptura. Adrián me dejó porque, técnicamente, ya no quería estar conmigo ya que había conocido a otra chica con la que había empezado otra relación. Sin embargo, a los días cambió de opinión y quiso volver conmigo. Yo me sentía muy traicionada, así que le dije que no quería volver con él porque todo lo que había pasado ya me había hecho mucho daño, ya que, además, había descubierto que durante la relación me había sido infiel varias veces. Pero él no lo aceptó y en ese momento, todo se volvió muy negro. Empezaron las llamadas y mensajes sin cesar, día y noche, pese a haberle dicho que no quería hablar con él. Empezó a controlarme y a pasar por la puerta de mi casa varias veces al día para ver si entraba o salía de mi casa. Intentaba espiarme por redes sociales, quedar con gente que me conocía para intentar tener información de mi vida. Me insultaba y me faltaba al respeto continuamente. Me humillaba en público y se ponía violento llegando a autolesionarse o a empujar a otras personas mientras me hacía ver que eso que hacía era por mi culpa. Recuerdo un día en concreto, en el que se hizo pasar por su madre y me escribió por WhatsApp para hacerme creer que se había ido al monte y que había dejado una nota despidiéndose de mí, que por favor fuese a buscarlo y volviese con él para que así no hiciese ninguna tontería. Porque ¿sabes lo peor? Que también me amenazaba con quitarse la vida si no volvía con él. Esto último lo hizo varias veces y de varias formas. ¿Y sabes la excusa que ponía para justificar todas estas conductas? Que me quería, que me quería mucho. Yo no entendía nada. ¿Cómo una persona que de verdad me quería estaba haciendo todo eso? ¿Cómo iba a ser eso el amor?

Todo esto duró seis meses y te aseguro que fueron los peores seis meses de mi vida. Porque durante este tiempo yo estuve callada. Me callaba porque me sentía culpable, porque claro, «obviamente» todo lo que estaba pasando era mi culpa, ya que, si yo decidía volver con él, toda la pesadilla se terminaba. Me callaba porque me sentía avergonzada. Me callaba porque estaba asustada y destrozada. Pero, sobre todo, me callaba porque me sentía mal porque él lo estaba pasando mal por mi culpa. ¡Tócate las narices! Y es que, al fin y al cabo, esta es una de las muchas consecuencias del maltrato. Que se te olvida que tú eres la víctima. Se te olvida que a la que están maltratando es a ti y que a la que le están haciendo pasarlo mal, es a ti. Y si te olvida porque tú, aun hecha una mierda, hundida y destrozada, sigues queriendo a la otra persona y echándola de menos muchas veces.

Pero, por suerte, durante todo ese tiempo hubo una persona que sí sabía todo lo que estaba pasando, mi buena amiga M., a la que le estaré infinitamente agradecida. Ella me apoyó, me cuidó, me ayudó y estuvo conmigo en todo momento. Así que, gracias a ella, un día pude hablar y al fin le conté todo lo que estaba pasando a mi hermana y a mis padres. Eso lo cambió todo, no solo por el peso que sentía que me había quitado de encima, sino por lo mucho que me ayudaron en todos los sentidos. De modo que, gracias a la ayuda de mi familia, de mis amigos y de la policía, que también tuvo que intervenir, todo se acabó y me pude recomponer muy poco a poco.

Años más tarde, tuve mi segunda relación de pareja con un chico al que esta vez vamos a llamar Alessandro. Los dos teníamos 18 años, él nunca había tenido pareja y yo, aunque sí había tenido una pareja, ya sabes cómo fue. Así que, bueno, hicimos lo que pudimos y no salió muy bien. Al principio era toda una fantasía, pero poco a poco empezamos a tener muchas conductas tóxicas el uno con el otro: controlábamos mucho con quién salíamos, teníamos que justificarnos la hora a la que nos íbamos a dormir si salíamos de fiesta, sentíamos muchos celos por absolutamente todo, nos amenazábamos con dejarlo cuando discutíamos, nos comunicábamos de forma pasivo-agresiva y un largo etcétera de conductas poco sanas. Al final, un día, tras una discusión fuerte, lo dejamos. Pero a los meses nos volvimos a encontrar y decidimos darnos otra oportunidad. Y así varias veces hasta que nuestra relación se convirtió en una relación superintermitente, codependiente y muy poco segura. Pero ¿sabes qué? Que nuestra intención realmente nunca fue hacernos daño, sino todo lo contrario. Porque nos quisimos muchísimo, pero no supimos querernos bien. En consecuencia, por no saber gestionar lo que nos estaba pasando y no querer soltarnos, acabamos haciéndonos mucho más daño.

Como ves, tanto la relación con Adrián como la relación con Alessandro fueron relaciones dañinas y, aunque puedas ver cierta similitud entre ellas, hay un aspecto clave que las diferencia. Y es que mientras que con Alessandro fuimos los dos quiénes nos equivocamos, los dos quienes nos hicimos daño y los dos quienes llevamos a cabo conductas que no eran sanas, ninguno de los dos tenía la intención real de herir al otro. Sin embargo, en la relación con Adrián solo él me hacía daño a mí y, además, lo hacía de manera premeditada e intencionada. Porque la finalidad real de todos sus actos era la manipulación. Es decir, conseguir que yo me sintiera tan mal y tan asustada que no viera otra opción factible que volver con él.

Porque sí, maltratar a alguien, ya sea física o psicológicamente, no es algo que se hace sin querer. Tú tomas tus propias decisiones y eliges si quieres hacerle daño a alguien con tus palabras o tus actos o no. Eliges si quieres amenazarla, si quieres humillarla, si quieres hacerle sentir mal o no.

Así que ahí está la gran diferencia entre una relación tóxica y una de maltrato. Y es que, en una **relación tóxica** sois ambas partes las que en algún momento lleváis a cabo alguna conducta insana y os hacéis daño mutuamente, pero donde no hay violencia ni ninguna intención real de herir a la otra persona. Sin embargo, en una **relación de maltrato** será solo una persona quien lleve a cabo conductas dañinas y ejerza violencia del tipo que sea (física, psicológica, sexual, etc.) sobre la otra persona de manera totalmente intencionada.

Pero por si acaso te sigue quedando alguna duda, te dejo por aquí algunas conductas dañinas a modo de ejemplo. Algunas de ellas son propias de una relación tóxica y, otras, de una relación de maltrato.

RELACIÓN TÓXICA	RELACIÓN DE MALTRATO
Ambas partes lleváis a cabo conductas insanas, pero sin violencia y sin la intención de hacer daño a la otra persona.	Solo una de las partes de la pareja lleva a cabo conductas dañinas sobre la otra. Es decir, **solo una parte ejerce violencia sobre la otra** con toda la intención de hacer daño.
Comunicarse desde: • La **agresividad**. Es decir, con malas formas, hostilidad, etc. • La **pasividad**. Por ejemplo, pasando olímpicamente del tema. • La **pasivo-agresividad**. O lo que es lo mismo, diciéndote lo que le ha molestado, pero haciéndotelo ver con su conducta, haciendo cosas como, por ejemplo, hablarte con monosílabos, retirarte la palabra, cancelar planes que teníais en común, etc.	**Abusos.** Del tipo que sea: sexual, emocional, etc.
Controlar el teléfono móvil, las salidas con amigas, etc.	**Golpes, insultos, empujones, palizas,** etc.
Mostrar **celos desadaptativos y mal gestionados** en situaciones que no son una amenaza real.	**Amenazas** y **coacciones**.

Falta de responsabilidad afectiva. Es decir, hacer o decir cosas sin ningún tipo de empatía y sin tener en cuenta que eso pueda hacerte daño.	**Humillaciones** y **vejaciones.**
Invalidar tus emociones e intentar minimizarlas con frases como «estás exagerando», «eso no es para tanto» o «ya estás otra vez igual».	**Acoso o control sobre ti** y sobre todo lo que haces.
Amenazar con dejar la relación cuando hay una discusión para generar miedo e inseguridad.	**Usar tu dinero sin tu permiso** y dejarte en la ruina o endeudada.
Exigirte explicaciones de todo lo que haces.	**Aislarte de tu red de apoyo**, ya sea familia, amistades, trabajo, etc.

Si al leer esto te has sentido identificada con algo, si se te ha acelerado el pulso, si has sentido miedo o ansiedad, déjame decirte que lo siento muchísimo y que entiendo perfectamente cómo te sientes. Pero, por favor, no te olvides nunca de que no estás sola y que tampoco tienes que pasar por esto tú sola. Sé que hablar es complicado, sé que da vértigo y que puede que ahora mismo te pese tanto que lo veas imposible. Pero es posible, eres capaz y para nada te mereces vivir esto y mucho menos sola. Así que te mando este abrazo enorme, con mucho cariño y con toda la fuerza del mundo. De mí para ti.

DEPENDENCIA EMOCIONAL

Podría escribir otro libro entero hablando solo de la dependencia emocional, pero por ahora me conformo con que puedas entender algunos aspectos clave sobre ella. Así que vamos a empezar por el principio.

Cuando hablamos de dependencia emocional, hablamos de esa fuerza interna que no te permite soltar esa relación que te destroza, aunque seas consciente del daño que te está produciendo. Dicho de otra manera, cuando desarrollamos dependencia emocional hacia una persona, lo que hacemos es generar cierta **adicción**, como si de una droga se tratase. Esa adicción genera una necesidad completamente irracional de estar con la otra persona independientemente del daño que nos esté causando. De hecho, podemos hasta llegar a pensar que nos morimos sin la otra persona. Fuerte, ¿verdad? Pero es que, como toda adicción, se apodera de nosotras poco a poco, hasta el punto de llegar a sentir que hemos perdido nuestra libertad. ¿Por qué? Porque pensamos que no podemos hacer nada sin la otra persona. Creemos que no podemos salir a cenar, de fiesta o con amigas si no está la otra persona, necesitamos estar con esa persona constantemente, recibir estímulos que nos hagan saber que la otra persona nos quiere y quiere estar con nosotras (mensajes, llamadas, besos, caricias, etc.). Ahora bien, ¿por qué se produce esta dependencia?

Hay algunas personas que, como consecuencia de su historia de vida, sus heridas emocionales o su autoestima, pueden

Cuando estamos bien
FASE LUNA DE MIEL

Andrés y Mario se conocieron hace tres años y durante los primeros meses de su relación, el **enamoramiento** estaba a tope. Todo era idílico, no había nada malo en su relación y eran superfelices. El vínculo que los unía era de otro planeta y **estaban seguros de que esa relación sería para siempre.**

Cuando empezamos a estar regular
FASE TENSIÓN

Pasados unos meses, el enamoramiento fue bajando y empezaron a ver que, quizá, su relación no era tan idílica como pensaban. **Empezaron a ver cosas de la otra persona que no les gustaban** o que, de alguna manera, sentían que les hacían daño. Empezaron entonces a aparecer la manipulación, la invalidación, los celos, el control, etc.

Cuando nos echamos de menos

Pasaron algunas **semanas después de la ruptura**, cuando Mario se dio cuenta de que echaba mucho de menos a Andrés. Total, aquello que les había pasado no era para tanto, ¿no? Todas las parejas discuten y a todas las parejas se les va de las manos en algún momento. Así que escribió a Andrés y quedaron para hablarlo. Finalmente, **lo arreglaron** porque se dieron cuenta de que seguían siendo el uno para el otro.

Cuando estamos fatal
FASE EXPLOSIÓN o AGRESIÓN

Pero esas discusiones «tontas» dejaron de ser tan tontas y empezaron a pesar cada vez más. Así que llegó el día en el que discutieron tanto, **se faltaron tanto al respeto**, se insultaron y se hicieron tanto daño que decidieron dejarlo porque la relación era ya insostenible. **Sabían que eso no era sano** y que no se merecían tener ese tipo de vínculo.

(Encontrarás la explicación de este gráfico en la página siguiente).

tener mayor predisposición a desarrollar dependencia emocional que otras. Sin embargo, la dependencia emocional suele ser un daño colateral de las relaciones tóxicas o de maltrato. Este tipo de relaciones se caracterizan por darte «una de cal y otra de arena» de manera constante. Es decir, cuando estamos bien, estamos muy bien. Pero es que cuando estamos mal, arde Troya. Esos ciclos de estar bien-mal, provocan mucho enganche ya que cuando estás bien, lo disfrutas, pero cuando estás mal aguantas porque sabes que esa racha va a pasar y que pronto llegará la época buena. Vamos, que mientras estás en esa relación, obtienes, unas veces, recompensas (palabras de amor, detalles, regalos, cariño, etc.) y, otras, castigos (te habla mal o directamente no te habla, te deja, te dice que no quiere estar contigo, discusiones, etc.). A ese fenómeno, en psicología se le conoce como refuerzo intermitente y es uno de los principales causantes de la dependencia emocional. Para entenderlo un poco mejor, te he dejado en la página anterior una tabla donde te explico el bucle infinito de las relaciones tóxicas con un ejemplo.

Como ves, es un bucle infernal infinito del que puede costar mucho salir porque ese enganche cada vez va a ser mayor. Así que, por si acaso todo esto va resonando en ti, aquí te dejo un minicuestionario con algunas de las características que presentan las personas que sufren dependencia emocional. Puedes leerlas con calma y marcar con una X la casilla de Sí o No, dependiendo de si lo sientes o no:

SIENTES QUE...	Sí	No
Tu relación de pareja **te produce malestar**, pero no sabes identificar por qué.		
Tu relación no va bien y no te hace feliz, pero aun así te ves **incapaz de dejarlo**.		
Necesitas de verdad a tu pareja, porque **sin ella, te ahogas**.		
Tu **autoestima** está muy desregulada.		
Has perdido la capacidad de **hacer planes a solas** o con otros que no sean tu pareja.		
Te da pánico la ruptura porque te aterra la idea de estar sola.		
Los **celos**, la **inseguridad**, la **incertidumbre**, la **ansiedad** y otras tantas emociones desagradables te acompañan en tu día a día en tus relaciones.		
Te da mucho miedo el abandono y por eso evitas estar sin pareja.		
Has perdido la capacidad de **tomar decisiones por ti** misma por miedo a equivocarte y que tu pareja se enfade contigo o te deje.		
Tu relación de pareja no es un lugar seguro y **desconfías** constantemente de tu pareja.		
Tu pareja es tu única prioridad.		
Cualquier persona que se acerca a tu pareja es una amenaza y por tanto sientes unos **celos** muy intensos.		
Tienes la **necesidad de controlar** todo lo que pase alrededor de tu relación.		
Tu relación de pareja es una montaña rusa. Cada vez hay una aventura diferente, a veces buena y a veces muy mala.		

Es probable que después de leer toda esta información y de haber visto los distintos síntomas de la dependencia emocional, te hayas sentido identificado con ella. Entonces puede, también, que ahora te hayas quedado helada o, incluso, que tengas miedo y que estés sintiendo otras tantas emociones desagradables. Es normal que te sientas así, pero quiero que sepas que de la dependencia emocional también se sale. ¡Vaya que sí!

Ahora puede parecerte muy oscuro, pero déjame decirte algo. Esto que te está pasando a ti ahora mismo también les está pasando a miles y miles de personas en el mundo. Por tanto, debes tener en cuenta que ni estás sola, ni es algo raro o fuera de lo normal y, mucho menos, que no es algo de lo que debas avergonzarte y que tampoco ha sido tu culpa. Y te aseguro también que muchas personas consiguen salir de la dependencia emocional cada día. Así que, si otras personas han salido de esto, ¡tú también puedes! Puede que para ello tengas que trabajar mucho en ti misma, sobre todo, en tu autoestima. Puede que tengas que recolocar ciertas piezas del puzle para que vuelvan a encajar y puede también que para ello necesites ayuda profesional. Si es así, repítete esto cada día:

No soy más débil ni peor persona
por necesitar ayuda profesional.
Porque **pedir AYUDA está bien.**
Ir a TERAPIA está bien también.

¿Y SI LA COSA NO FUNCIONA? APRENDO A SOLTAR

Para construir relaciones sanas también es importante aprender a soltar y dejar la relación en el momento en el que sea necesario. Porque a veces nos da tanto miedo decir adiós, que nos aferramos a relaciones que ya no funcionan. Forzamos la máquina una y otra vez. Aguantamos y aguantamos intentando salvar lo insalvable. A veces, lo hacemos porque nos da pena dejar una relación en la que hemos invertido mucho tiempo, otras veces, porque nos da miedo la incertidumbre de lo desconocido y, otras veces, simplemente, porque no nos vemos capaces de hacerlo. Ya sea por miedo a estar sola, por la dependencia emocional generada, por miedo al dolor que eso nos va a producir, etc. El problema es que aferrarnos a eso, a la larga, acaba destrozándonos.

Y, sí, sé que dejar una relación puede ser muy complicado, desagradable e incómodo. Por eso no es suficiente con entender que a veces debemos dejar ir para poder avanzar, sino que también debemos aprender a hacerlo bien y con responsabilidad afectiva, como mínimo.

El amor no es suficiente

Efectivamente, el amor es necesario en toda relación, pero no suficiente. Por eso, el hecho de querer a tu pareja no es motivo de peso para seguir en una relación que ya no te hace feliz. Y, por supuesto, la pena tampoco lo es. Porque, aunque tú sientas que estás intentando estar bien y aparentar que no pasa nada para ver si así la cosa mejora, el desgaste del amor se nota. Y de la misma manera en la que tú te lo notas en tu forma de actuar a diario, puede que tu pareja también te lo esté notando.

Y al igual que es duro darte cuenta de que el amor por tu pareja ya no es el mismo y que ya no quieres seguir manteniendo ese vínculo, también es duro para la otra parte el hecho de ver cómo tu pareja ya no es igual de cercana contigo, ya no os miráis igual, ya no hacéis las mismas cosas con las mismas ganas y ya no hay esa conexión.

Así que, no, el amor no puede ser lo único que sostenga una relación. Porque el amor debe estar nutrido por muchas otras cosas en pareja, como por ejemplo la buena comunicación, la intimidad o la diversión.

Las relaciones insalvables

Normalmente, cuando una pareja empieza su proceso de terapia conmigo, después de nuestra primera sesión me suelen preguntar: «Pero, Elena, ¿tú crees que esto que nos pasa tiene solución? ¿Crees que nuestra relación aún se puede salvar?». Y aunque mi respuesta siempre varía porque cada caso es un mundo y cada pareja es diferente, sí que es cierto que hay algunas cosillas que indican que la relación ya ha cruzado el punto que yo llamo de **no retorno**. Ese punto en el que ya se han cruzado ciertos límites y, por mucho que se quiera trabajar, ya están quemados todos los cartuchos y hay poco que hacer.

Porque en terapia de pareja se pueden trabajar una infinidad de cosas, mejorar muchísimos aspectos de las relaciones, reparar daños y fortalecer el vínculo. Pero en terapia no todo vale y hay algunas cosas que no se pueden trabajar. Entonces, si resulta que son justo esas cosas las que están dañadas, puede que en ese caso la mejor opción para no hacernos más daño sea la ruptura.

Así que, ¿cuándo una relación es insalvable? Pues para mí hay tres puntos muy importantes:

1. Obviamente, cuando se acaba el amor. Porque lo mucho o lo poco que yo quiera a mi pareja no es algo que se pueda trabajar en terapia.

2. Cuando ya no hay respeto. Es decir, cuando le pierdes el respeto a tu pareja y a la relación. Cuando ya te da absolutamente igual todo y ambas partes entráis en esa lucha de poder horrible en la que en cada discusión solo peleáis por ver quién de los dos tiene la razón o quién de los dos «gana». Aunque para ello tengáis que hacer o decir cosas que a la pareja le vayan a doler. Aunque para ello tenga que insultarte o darte donde más te duele. Pero, sobre todo, cuando empiezas a ver a tu pareja como tu enemigo número uno.

3. Cuando no soportas a tu pareja. Cuando tu pareja empieza a caerte mal y ya no toleras nada de lo que diga o haga tu pareja. Cuando llega ese momento en el que te molesta hasta que te diga «buenos días» y en el que piensas que es mejor que no te dirija la palabra.

Como ves, son tres cosas muy duras que cuando alguien lo vive en primera persona tienen el mismo efecto en él o ella como lo tendría una apisonadora. Por eso, es tan importante saber decir «hasta aquí» y soltarnos antes de continuar haciéndonos más daño.

Adiós al *ghosting*

Carla y Elisa se conocen a través de una app de citas. Empiezan a hablar por mensaje y durante unas semanas mantienen contacto diario ya sea por mensaje o por videollamada. Pasadas unas semanas, deciden quedar para conocerse en persona. Salen a tomar algo y la cosa va muy bien. Así que siguen quedando de manera continuada y empiezan a conocerse más a fondo. Pero, de pronto, un día cualquiera, después de haber salido a cenar la noche anterior y habérselo pasado muy bien, Elisa le envía un mensaje de buenos días a Carla del que no obtiene respuesta porque descubre que Carla la ha bloqueado de todas sus redes sociales. Intenta llamarla para tratar de entender qué ha pasado, ¡pero descubre esta vez que también le ha bloqueado las llamadas! Efectivamente, Carla ha desaparecido como un fantasma de la vida de Elisa, sin dejar rastro ni dar ningún tipo de explicación. Vaya, que le ha hecho un **ghosting** como una casa de grande.

Y es que hay algunas personas que como no saben cómo dejar una relación, optan por hacer *ghosting* y desaparecer sin más, eludiendo así toda responsabilidad afectiva y evitando comerse ese marrón. El problema del *ghosting* es que deja muchas respuestas sin resolver para la persona que lo sufre:

- ¿Qué ha pasado?
- ¿Por qué se ha ido?
- ¿Qué he hecho mal?
- ¿Qué ha cambiado?
- ¿Cómo puede ser si ayer estábamos tan bien?
- ¿Y si le ha pasado algo? ¿Estará bien?
- ¿Va a volver?

Todas estas preguntas tienen algo en común y es que no van a tener respuesta real porque la otra parte no te las va a responder. Y cuando nuestra cabeza se hace preguntas que no puede responder porque no tiene esa información, rellena los huecos que tiene con lo que buenamente puede. Vamos, que se lo inventa. El problema es que, por lo general, esas respuestas inventadas suelen ser respuestas muy autodestructivas y cargadas de culpa:

- Se ha ido porque he hecho algo mal.
- Seguro que le he agobiado con tantos planes.
- No valgo nada a nivel personal.
- La he aburrido.
- Soy horrible.

Así que, como ves, el *ghosting* puede ser devastador para la persona a la que se lo haces, por eso a partir de ahora, no lo consideres una opción factible para dejar una relación. Porque, aunque dejar una relación sea algo complicado, debemos poner en práctica nuestra responsabilidad afectiva y tener el valor de enfrentarnos a esa situación. Es decir, responsabilizarnos de nuestros actos y poner en práctica la empatía, sabiendo que aquello que hagamos o digamos puede que le afecte a la otra persona. ¿Que cómo se hace eso? Pues aquí va una guía rápida para tener una ruptura sana:

GUÍA RÁPIDA: ¿Cómo dejar una relación de pareja con responsabilidad afectiva?	
1.	**Recuerda que la persona a la que vas a dejar no es una seta.** Es decir, es un ser humano que tiene emociones y que, probablemente, sienta algo por ti. Así que cuidadito con lo que dices y, sobre todo, con cómo lo dices. Recuerda aquello de la **responsabilidad afectiva** y la **empatía**.
2.	**Jamás dejes una relación por mensaje de texto o por llamada de teléfono.** Hazlo a la cara para que la comunicación pueda fluir mejor y, sobre todo, porque es lo más sano. Y en el caso de que tengáis una relación de mucha distancia en la que veros sea imposible, hazlo por videollamada para que pueda ser lo más «a la cara» posible.
3.	**Déjalo cuando lo tengas claro al cien por cien.** Porque si no puedes caer en un círculo vicioso de ahora sí quiero dejarlo, luego me arrepiento y quiero volver, pero luego quiero dejarlo otra vez. Y así meteros en un bucle infinito superdañino para ambas partes que lo único que hará será destrozar la confianza y la seguridad de la relación.

4.	**Hazlo sin rodeos.** Expresa de forma clara y sencilla que quieres dejar la relación y por qué. No des excusas tontas ni transmitas mensajes ambiguos. Eso sí, mucho cuidadito que la línea entre la sinceridad y el sincericidio es muy fina. Es decir, expresa por qué quieres dejar la relación de forma honesta, pero **sin faltar al respeto o decir algo que pueda herir** a la otra persona.
5.	**Pon límites posruptura.** Es decir, es superimportante que después de una ruptura ambas partes os comuniquéis cómo os sentís y qué necesitáis. Porque puede que una de las partes ya haya vivido el duelo durante la relación y ahora no tenga problema en seguir manteniendo esa relación, pero en forma de amistad, pero la otra necesite tener contacto cero. Sea como sea, recuerda que es importante seguir velando por el bienestar de la otra persona, aunque haya terminado la relación. **Respeta sus límites y sus tiempos** y se un buen ex.
6.	**No busques el momento perfecto,** porque, spoiler: no lo hay. Nunca va a ser un buen momento para dejar una relación. Quiero decir, dudo mucho que eso sea el pasatiempo favorito de nadie. Por eso no se trata de buscar el momento perfecto, **sino un momento adecuado**. Donde haya intimidad, calma y tranquilidad. Que sea un lugar en el que ambas partes estéis tranquilas y donde sintáis que estáis en un lugar seguro en el que podáis expresar vuestras emociones.
BONUS	Si lo que te da miedo o te preocupa es quedarte en blanco y bloquearte al momento de comunicárselo a tu pareja, puedes probar a escribir todo lo que sientas en una carta o en notas del móvil. De esta manera puedes asegurarte el hecho de decírselo todo bien, **de forma calmada y asertiva** sin dejarte nada en el tintero.

Tercera parte

APRENDO A QUERER BIEN

¿POR QUÉ NO TENGO SUERTE EN EL AMOR?

Podría poner la mano en el fuego y no quemarme cuando digo que todas las personas del mundo hemos dicho esta frase alguna vez en nuestra vida. Es más, suele ser una frase recurrente que decimos después de un desamor o después de llevar ya varias desilusiones acumuladas con las parejas. Sin embargo, a mí es una frase que no me gusta nada.

Principalmente porque cuando afirmas que no tienes suerte en el amor, estás dejando en manos del azar algo que es responsabilidad tuya en exclusiva. Quiero decir, tú no te levantas por la mañana y de repente, ¡hala!, tienes un novio o una novia, sino que, por el contrario, eres tú quien se encarga de buscar esa pareja. Eres tú quién elige de manera activa si empiezas a hablar con alguien que te gusta o no. Eres tú quien decide quedar por primera vez con esa persona o no. Y, sobre todo, eres tú quien determina si iniciar poco a poco una relación de pareja o no. Así que no, **no es suerte, es capacidad de elección**.

Así que, cuando alguna persona llega a consulta y me dice

que siempre le va mal en el amor o que no ha tenido suerte con sus parejas, yo siempre le hago la misma pregunta y es:

¿Cuál es el **FACTOR COMÚN**
de todas tus relaciones de pareja?

Tómate un momento para reflexionar sobre esta pregunta y piénsalo bien. Puede que nunca te hayas hecho este planteamiento, pero te aseguro que es una pregunta muy poderosa. Aun así, por si acaso, te voy a hacer un poquito de spoiler:

El factor común en todas tus relaciones de pareja
ERES TÚ MISMA.

Por eso, cuando la mayoría de nuestras relaciones de pareja van mal, debemos poner el foco en nosotras mismas porque puede que haya algo a nivel interno que no esté funcionando bien:

- Puede que no estés eligiendo bien a tus parejas.
- Puede que, de alguna manera, estés repitiendo un patrón.
- Puede que durante tu vida hayas normalizado alguna que otra conducta insana y ahora la estés aceptando en tus relaciones.
- Puede que tu autoestima no esté del todo sana y que, por tanto, estés permitiendo y aguantando cosas en tus relaciones de pareja que no deberías.

- Puede que sientas que no te mereces que te traten bien.

- Puede que no estés poniendo límites.

- Puede que no te estés respetando a ti misma y estés actuando de forma contraria a lo que sientes, piensas o necesitas.

- Puede que estés priorizando el bienestar de tu pareja al tuyo propio con todo lo que eso significa.

- Puede que tu forma de vincularte a los demás no esté siendo sana y lo estés haciendo desde la necesidad.

Si conforme ibas leyendo estas frases, te has sentido identificada con alguna o varias de ellas, tranquila. Entiendo que quizá ahora estés algo removida, pero no me gustaría que te alarmases, ya que ni es tu culpa, ni esto es algo a lo que estés condenada de por vida y por tanto vaya a ser siempre así. Es más, la parte positiva de esto es que todo lo que acabas de leer son cosas que se pueden trabajar y se pueden modificar para que consigas tener relaciones plenas que te hagan sentir bien. Así que, de verdad, me gustaría que te tomaras esta información como una puerta al cambio y no como una fusta de castigo.

Ahora bien, obviamente, puede que en algún momento de tu vida te cruces con una persona miserable que te destroce por completo. Alguien que, de primeras, será una persona maravillosa, te venderá la moto y te hará creer que todo es perfecto pero que luego resultará ser un monstruo. Esto es algo que nos puede pasar a cualquier persona, porque como ya hemos visto en capítulos anteriores, así funcionan las relaciones dañinas: **te encandilan primero para así arrastrarte después.**

Con esto quiero decir que en las relaciones siempre habrá una parte que dependa de ti, pero también habrá siempre otra parte que dependerá de tu pareja. Así que obviamente puede que a veces nos falle el radar por todos los motivos que ya hemos visto antes y que entonces tengamos relaciones de mierda porque no habremos elegido bien a nuestra pareja, pero puede que haya otras veces en las que ese radar falle como consecuencia de la manipulación que otra persona ejerza sobre ti y, en ese caso, déjame decirte que no serás la responsable de ello, sino la víctima. Así que, por último, me gustaría recordarte que, si en algún momento de tu vida te has visto envuelta en una relación de maltrato:

NO

HA SIDO

TU CULPA.

ELIJO BIEN
A MI PAREJA

Elegir bien a tu pareja puede ser una movida. Y con «elegir bien» me refiero a elegir a una persona con la que puedas tener una relación sana. Por eso, mi intención con este capítulo es que puedas entender de una vez por todas dos cosas clave:

1. Qué es lo que buscas en tus parejas.
2. Qué debes tener en cuenta para elegirlas bien.

Así que vamos a empezar por el principio.

¿EN QUÉ ME BASO PARA ELEGIR A MIS PAREJAS?

Mi amiga C. es una de las personas más importantes de mi vida. Nos conocimos cuando éramos pequeñas y hemos compartido y disfrutado mucho tiempo juntas. A nivel personal somos dos personas muy parecidas. Tuvimos una infancia y un modelo familiar bastante similar, compartimos gustos, valores, creencias, formas de pensar y un largo etcétera de más cosas. Sin embargo, hay una única cosa en la que no hemos estado nunca de acuerdo: **el tipo de hombre al que elegimos de pareja.** Es más, durante nuestra adolescencia nos reímos mucho con esto porque es que era impresionante. Cada vez que a mí me gustaba un chico, iba corriendo a contárselo y ella siempre me decía: «Pero, Ele, ¡¿se puede saber qué le ves?!». Obviamente esto era recíproco, claro, porque yo le preguntaba exactamente lo mismo cuando era ella la que venía a contármelo a mí. El caso es que yo muchas veces me preguntaba cómo podía ser que, siendo tan parecidas en todo y teniendo vidas tan similares, tuviésemos gustos tan contrarios a la hora de elegir pareja.

Hace un tiempo lo entendí.

Y es que independientemente de que tuviésemos vidas similares, hubiésemos recibido una educación parecida y todas esas cosas, sus necesidades no eran las mismas que las mías, y viceversa. Porque no todas las personas integramos las cosas que nos pasan de la misma manera. No todas las personas tenemos la misma personalidad. Ni los mismos miedos. Ni las mismas preocupaciones. Ni las mismas aspiraciones. Ni los mismos límites.

Así que precisamente por eso cada persona buscamos en nuestras parejas cosas diferentes:

- A veces buscamos en nuestra pareja **características similares a las que hemos visto en nuestra familia.** Ya sean valores, creencias, formas de comunicarse, formas de gestionar los problemas, etc. Porque es a lo que estamos acostumbradas y, por tanto, es lo que nos da seguridad. Independientemente de que sea sano o no.

- A veces buscamos en nuestras parejas **características que sean todo lo contrario a las que hemos visto en nuestra familia de origen**. Por ejemplo: en tu casa tu padre tenía problemas con el juego y se gastaba todo vuestro dinero en ello y tú buscas como pareja a una persona que sea tremendamente cautelosa con el dinero.

- A veces buscamos en nuestras parejas **aquello que no aceptamos en nosotras mismas.** Por ejemplo: yo soy una persona incapaz de poner límites y, por tanto, busco a una persona que ponga límites a los demás sin problemas porque eso me atrae.

- Y, otras veces, buscamos en nuestras parejas **aquello que nos aleja de lo que tememos**. Por ejemplo: si mis figuras de apego tuvieron una relación de codependencia emocional y yo no quiero repetir eso en mis relaciones, a lo mejor me fijo más en personas que sean muy independientes o en personas que sean emocionalmente inaccesibles.

Por eso, ahora me gustaría proponerte un ejercicio a modo de introspección, para que puedas seguir conociéndote un poquito mejor, profundizar algo más en este aspecto y entender, de una vez, por qué eliges a las parejas que eliges.

¿DESDE DÓNDE ELIJO A MIS PAREJAS?

A continuación, leerás una serie de preguntas. Tómate tu tiempo para leerlas y reflexionar sobre ellas. Una vez que tengas la respuesta, puedes escribirla debajo de cada pregunta (solo si te apetece y solo si te sientes preparada para ello).

¿Tus parejas se parecen a lo que has visto y vivido en casa? Es decir, ¿tus parejas tienen una forma de relacionarse contigo similar a la que tus cuidadores principales tuvieron entre ellos o a la que tus cuidadores principales tuvieron contigo?

¿Qué es lo primero que te llama la atención de una persona cuando la conoces?

¿Cuáles son las características comunes que tienen todas tus parejas?

¿Eliges siempre al mismo tipo de persona? Por ejemplo: la persona que va de chulita, la chica o el chico bueno, etc.

¿Cuáles son los valores que más aprecias de las personas a las que eliges de pareja?

¿Qué es lo que más te atrae de la personalidad de tus parejas?

¿Prefieres que tengáis muchas cosas en común o pocas?

¿En qué te basas a la hora de elegir a tus parejas? Es decir, ¿a qué aspectos de la vida de la otra persona le das prioridad? Estudios, economía, valores, etc.

¿Crees que tienes algún prototipo? Ya sea físico o personal.

¿Por qué eliges estar en pareja antes que soltero o soltera?

¿CÓMO PUEDO ELEGIR BIEN A MIS PAREJAS?

Si queremos tener relaciones sanas, junto a trabajar en nosotras mismas, nuestra autoestima, nuestro estilo de apego y nuestras heridas emocionales, debemos elegir bien a nuestras parejas. Y para eso, (además de tener en cuenta todo lo que ya hemos visto hasta ahora) **debemos elegir a parejas con las que seamos compatible**. Y cuando hablamos de compatibilidad no hablamos de que nos guste el mismo estilo musical o practicar el mismo deporte, sino que hablamos de valores, de estilos de vida, de formas de entender el amor y las relaciones, de creencias, de planes de vida.

Porque de nada sirve que mi pareja y yo seamos superdeportistas, nos encante hacer surf, ver atardecer y escuchar a Coldplay si después mi pareja tiene unas creencias religiosas muy arraigadas que yo no estoy dispuesta a tolerar porque chocan con las mías. O si a mi pareja le encantaría vivir toda la vida siendo nómadas y viajando por el mundo y yo quiero comprarme una casita en un pueblo pequeño y echar raíces. O si tenemos ideologías políticas opuestas. O si mi pareja quiere tener una relación abierta y yo no.

Así que aquí te dejo unas cuantas preguntas que puedes hacerte cuando empieces a conocer a alguien para ver si estás eligiendo bien o no:

- Puede que tengamos aficiones diferentes, pero ¿podría yo acompañarlo en sus aficiones (y viceversa) o por el contrario me supondría algún tipo de malestar?

- ¿Tiene alguna creencia (religiosa, política, etc.) que sea incompatible con las mías?
- ¿Cuáles son sus valores? ¿Compartimos alguno?
- ¿Qué papel juega la pareja en su vida? ¿Cuáles son sus prioridades?
- ¿Qué ambiciones tiene?
- ¿Qué planes de futuro tiene a nivel laboral, personal y de pareja?
- ¿Cómo gestiona los conflictos?
- ¿Qué estilo de relación está buscando? Monógama, no monógama, abierta o no, etc.

LA BUENA COMUNICACIÓN COMO BASE DE TODO

Aprender a comunicarnos de forma adecuada es imprescindible para que nuestra relación de pareja funcione correctamente. Y es que la comunicación, la BUENA comunicación, es la base de cualquier relación sana, estable y duradera. Porque cuando la comunicación empieza a fallar, se produce una reacción en cadena a través de la cual van cayendo todas las piezas del dominó. Y, entonces, empiezan a fallar también otras áreas muy importantes como, por ejemplo, la resolución de los conflictos, la expresión de necesidades, el hecho de poner límites o incluso, el tiempo de calidad. Por eso, en terapia de pareja, de una forma o de otra, siempre trabajamos la comunicación.

Pero antes de meternos de lleno en cómo se consigue tener una buena comunicación en pareja, me gustaría aclarar algo y es que **comunicarte mucho con tu pareja no necesariamente implica que os comuniquéis bien**. Para entenderlo mejor, quiero ponerte el siguiente ejemplo:

Imagínate que tú y tu pareja habéis acordado que será tu pareja quien baje cada noche la basura. Pero, pasado un tiempo, a tu pareja empieza a darle algo de pereza bajarla cada noche y sin decirte nada, empieza a bajarla cada 2 o 3 días. Entonces, a ti empieza a molestarte cada vez más el hecho de que se acumulen en casa unas 2 o 3 bolsas de basura. Así que cuando ves las bolsas acumuladas vas a tu pareja y con un tono de voz elevado, le dices cosas como:

¿No piensas bajar la basura? ¡Estoy hasta las narices
de que se acumule la mierda todos los santos días!
Me tienes harta.

¿Otra vez la misma historia?
Pero cuántas veces tengo que decirte
que bajes la basura. Hay que ser guarro/a.

No pienso decirte nada más, pero ya te vale.

Te importa una mierda lo que te diga, ¿no?
Mira que te lo he dicho veces, y tú ni caso.
Parece que lo haces por joder.
¿Tanto te cuesta bajar la basura?

Como ves, se lo has dicho muchas veces a tu pareja, pero ¿crees que las formas han sido las adecuadas? Efectivamente, no. Y, por tanto, hay una alta probabilidad de que tu pareja, cuando tú le hables así, te conteste peor, se ponga a la defensiva, y por supuesto, que siga sin bajar cada noche la basura. Pero ahora imagínate que, en vez de decírselo así, con un tono de voz elevado y malas formas, optas por decírselo con un tono de voz mucho más relajado y de la siguiente manera:

Cariño, ¿por qué no has bajado la basura hoy? Entiendo que te dé pereza bajarla por las noches después de cenar, con el pijama puesto y todo... Pero es que me molesta mucho que se acumulen las bolsas de basura aquí en casa porque huele mal y me da mucha sensación de suciedad. Así que te agradecería mucho que volvieses a bajar la basura cada noche. ¿Te importaría volver a hacerlo así o prefieres que lo hablemos y cambiemos la forma de hacerlo?

Notas la diferencia, ¿verdad? Y es que, si se lo comunicas así a tu pareja, existe una mayor probabilidad de que tu pareja te responda en el mismo tono relajado y por tanto que podáis tener una conversación tranquila en la que repaséis el problema y tratéis de buscarle una solución en la que ambas partes os sintáis cómodas.

Ahora bien, ¿cómo se consigue esto? Pues señoras y señores, esto ni es magia ni cuesta horrores conseguirlo. Simplemente se trata de comunicarnos desde la **ASERTIVIDAD**. Pero para entender esto mejor vamos a partir del principio. Existen tres **estilos de comunicación,** es decir, tres formas distintas de comunicarnos:

ESTILO DE COMUNICACIÓN	
Agresivo	• Nos comunicamos desde la agresividad y la hostilidad. • Alzamos el tono de voz llegando muchas veces a sonar incluso algo amenazante.
Asertivo	• Nos comunicamos desde la calma y el respeto. • Ponemos límites y decimos lo que sentimos.
Pasivo	• No solemos comunicar lo que sentimos porque preferimos callarnos antes que tener un conflicto. En el caso de que lo comuniquemos, lo hacemos con voz entrecortada, poco contacto visual e inseguridad. • Nos cuesta decir que no y expresar lo que sentimos o necesitamos.

Pero para que lo veas más claro, te dejo a continuación algunos ejemplos de cada uno de estos estilos:

		ESTILO AGRESIVO	ESTILO ASERTIVO	ESTILO PASIVO
Situación 1	**Una amiga te pide que le pases los apuntes de una clase a la que ella no fue y le dices:**	«Tienes más cara que espalda, tía. No sé cómo puedes ser así de ruin. Te quedas	«Sé que necesitas los apuntes para poder estudiar. Pero la verdad es que prefiero	«Bueno, vale. Te los paso sin problema». (Aunque estés muy enfadado y

		en tu casa tocándote las narices y luego vienes a pedirme a mí los apuntes. Eres una vaga y una caradura».	no pasártelos porque a mí me supone un esfuerzo muy grande venir a clase y tomar estos apuntes y me parece injusto que tú prefieras quedarte en tu casa y ahora te quieras aprovechar de mi trabajo».	no quieras hacerlo).
Situación 2	**Alguien te propone un plan que no te apetece porque estás cansada, prefieres quedarte en casa y le dices:**	«Esta sí que es buena, no tengo otra cosa mejor que hacer que irme contigo a jugar al pádel. ¿Pero es que no ves que estoy hecha una mierda?».	«Muchas gracias por contar conmigo, de verdad. Pero estoy bastante cansada hoy así que prefiero quedarme en casa. Quizá otro día».	«Vale sí, iré». (Aunque no te apetezca nada ese plan).
Situación 3	**Un amigo te pide que le lleves al aeropuerto, pero tú tenías muchas ganas de ir al cine a ver una peli que te encanta, así que le dices:**	«Cuánto morro tenemos, ¿no? Paso, tío, tengo otras cosas mejores que hacer».	«Jolín, sintiéndolo mucho el sábado ya tengo planes, así que no voy a poder llevarte. Espero que encuentres a alguien que sí pueda».	«Claro, yo te llevo». (Aunque eso suponga no ir a ver la peli que tantas ganas tenías de ver).

Como ves, la asertividad es justo el punto intermedio entre la pasividad y la agresividad, y es ahí donde está la virtud. Por eso debemos aprender a comunicarnos de manera asertiva, a expresar lo que necesitamos, lo que pensamos y lo que sentimos, pero de una forma educada, honesta y respetuosa. **Porque no solo importa lo que decimos, sino también cómo lo decimos.** Y, sí, soy consciente también de que a veces es muy difícil comunicarnos así porque ni somos personas perfectas ni tampoco somos seres de luz y, obviamente, vamos a tener días en los que nos cueste mucho respirar hondo y comunicarnos de buenas maneras. Pero debemos intentar que, en su mayoría, nuestra comunicación sea lo más asertiva posible.

Así que para que puedas empezar a comunicarte un poquito mejor, te dejo por aquí un ejercicio para que puedas poner en práctica esto de la asertividad:

LA TÉCNICA DEL SÁNDWICH

Quiero que visualices por un momento el típico sándwich de toda la vida formado por dos rebanadas de pan de molde y algo de relleno entremedias. Lo tienes, ¿verdad? Pues ahora quiero que te imagines que cada rebanada de pan es una frase positiva o de agradecimiento y el relleno del propio sándwich es un límite o una negación.

Y es que, cuando queramos hacer una crítica, poner límites

o expresar nuestro malestar a otra persona, esta va a ser justo la estructura que vamos a seguir. Es decir, empezaremos con un elogio o una frase positiva, después expondremos nuestra crítica o nuestro malestar y cerraremos nuestro mensaje con otra frase positiva.

De forma práctica, y siguiendo con el ejemplo de bajar la basura, esta técnica podríamos aplicarla de la siguiente manera:

1. «Cariño, entiendo perfectamente que por las noches estés supercansado, ya que te levantas muy pronto por la mañana y llegas a casa a las tantas. Así que, por supuesto, también entiendo que te dé una pereza horrible bajar la basura por la noche». **(FRASE POSITIVA VALIDANDO LA PARTE DE MI PAREJA).**

2. «Sin embargo, sabes que me molesta mucho que se acumulen las bolsas de basura en casa porque huelen fatal y encima siento que la casa está sucia todo el tiempo. Así que te pido por favor que bajes la basura todos los días, tal y como hablamos, para que no se sigan acumulando las bolsas día tras día». **(FRASE MARCANDO UN LÍMITE Y EXPONIENDO LO QUE YO NECESITO).**

3. «Eso sí, si te parece bien, podemos ver entre los

dos cómo ajustamos de nuevo el tema de la basura para que así tú la bajes todos los días, pero en un momento en el que no te dé tanta pereza y yo esté más tranquila al dejar de sentir que la casa está sucia todo el tiempo. ¿Qué te parece?». **(FRASE POSITIVA, SIN ATAQUE Y DANDO LUGAR A LA COMUNICACIÓN Y A LA NEGOCIACIÓN).**

EL PODER DE LAS CONVERSACIONES INCÓMODAS

Si algo nos aterra de una relación en pareja es tener conversaciones incómodas. Así que tendemos a huir de ellas. Y es que hemos asociado tener este tipo de conversaciones con el típico «tenemos que hablar» y con la posterior ruptura. Pero no tiene nada que ver una cosa con la otra. Así que ha llegado el momento de romper con esa idea que tenemos de sentarnos a hablar algo serio e incómodo en una mesa, uno enfrente del otro con los brazos cruzados y el ceño fruncido y que después, haya tres días de mal rollo o, incluso, una separación.

Es más, podemos tener conversaciones incómodas en ambientes muchos más relajados y tranquilos sin ningún tipo de tensión (más allá de la que hablar de algo complicado puede suponer), tomando algo e, incluso, entre risas.

Sea como sea, es supernecesario que tengas conversaciones incómodas con tu pareja si quieres que vuestra relación prospere y sea cada vez más sólida. ¿Por qué? Porque este tipo de conversaciones nos sirven como chequeo de la relación:

- Nos ayudan a ver cosas que no estén yendo del todo bien y, por tanto, nos ayudan también a enfocarnos en ellas para poder modificarlas.

- Nos ayudan a buscar soluciones a conflictos que llevamos tiempo arrastrando y, por tanto, no dejamos que se enquisten.

- Nos motivan al cambio. Y, a su vez, el cambio es evolución y mejoría.

- Nos ayudan a pedir perdón o a ser conscientes de que nos hemos equivocado.

- Nos conectan con la realidad y nos ayudan a empatizar y a entender cómo se siente mi pareja o qué necesita. O al revés, es decir, a que mi pareja entienda cómo me siento yo o qué necesito yo.

- Nos ayudan a crear un espacio seguro en el que compartir pensamientos, vivencias, preocupaciones o, incluso, miedos.

Ahora bien, ¿cuándo es necesario tener este tipo de conversaciones? Pues desde el momento uno, y te voy a explicar por qué. Cuando empiezas a conocer a una persona con la que estableces un vínculo emocional es de lo más normal que surjan ciertas diferencias entre vosotros. Principalmente porque cada uno sois «de un padre y de una madre» y probablemente hayáis vivido unas experiencias diferentes, hayáis recibido una educación distinta y hayáis aprendido unas conductas u otras.

Así que es normal que al principio cueste llegar a ciertos equilibrios en pareja. Por eso es imprescindible tener este tipo de conversaciones desde el principio (y durante toda la relación) sin necesidad de que haya pasado algo «grave». Básicamente porque estas conversaciones sirven para poner **LÍMITES**. Sí, eso que tanto dolor de cabeza nos da y que tanto nos cuesta poner a los seres humanos. Pero, jolín, ¡qué bien sienta cuando los pones y, sobre todo, cuando los respetan! Porque cuando yo pongo un límite, lo que en realidad estoy haciendo es comunicarte:

- Qué cosas estoy dispuesta a aguantar y qué cosas no (sobre todo, qué conductas tuyas estoy dispuesta a tolerar y cuáles no).
- Qué cosas necesito en mi relación para sentirme cuidada, valorada, querida y respetada.
- Qué conductas quiero que se den en mi relación y cuáles no quiero que se den.
- Qué cosas me hacen sentir bien y qué cosas no.
- Cuáles son mis gustos y preferencias a la hora de hacer planes en pareja, tener temas de conversación, etc.

Como ves, los límites nos ayudan a trazar un perímetro en el cual poder sentirnos seguros. Por tanto, si yo pongo un límite, mi pareja (o quien sea a quien se lo ponga) debe respetar tanto al límite que he puesto, como a mí misma y viceversa. Porque el hecho de que en una relación haya unos límites bien claros desde el principio, hará que la relación sea mucho más estable.

Eso sí, por supuesto soy consciente de que poner límites es algo que nos cuesta mucho. Y aunque no voy a entrar en los motivos por los que nos cuesta mucho poner límites porque eso me daría para otro libro más, sí que quiero ponerte algunos ejemplos de cómo poner un límite, de manera asertiva, por si acaso lo necesitas en algún momento:

- No me gusta que hagas comentarios sobre mi cuerpo, así que te pido por favor que no me hagas ninguno más.
- Cuando nos enfadamos y te estoy expresando cómo me siento, me gusta que me escuches. Así que te pido, por favor, que no me interrumpas.
- No estoy dispuesta a tolerar que me dejes con la palabra en la boca mientras te estoy comunicando que algo me ha sentado mal.
- Cuando me hablas con ese tono me haces sentir mal.
- Antes de haber confirmado que íbamos a la cena del sábado, me hubiese gustado que me preguntaras primero, ya que yo prefiero quedarme en casa porque necesito descansar.
- No me apetece hablar del tema.
- Estoy algo agobiada, así que, si no te importa, lo hablamos más tarde.

Así que, en resumen, sí, es normal que no te guste tener conversaciones incómodas porque, al fin y al cabo, son conversaciones en las que hablamos de temas delicados, temas que nos remueven, temas que nos llegan a lo más profundo y temas que, muchas veces, nos hacen daño. Pero **recuerda que si haces el esfuerzo (aunque pases un mal rato), cada conversación incómoda que tengas, estarás un pasito más cerca de tener un vínculo sano, seguro y estable.**

DISCUTIR NO ES LO MISMO QUE PELEAR

Olga y Santiago llegaron a mi consulta con ganas de volver a conectar como pareja porque hacía un tiempo que se sentían algo distantes. Así que, en la primera sesión, evaluamos algunos aspectos importantes de la relación como, por ejemplo, la comunicación y la resolución de conflictos. Fue entonces cuando Olga me dijo lo siguiente: «Ah, no, nosotros nos comunicamos muy bien. No tenemos conflictos y por suerte no solemos discutir apenas porque siempre estamos de acuerdo en todo». Sin embargo, cuando alguna pareja me dice esto en sesión, yo siempre les respondo lo mismo: ¡no me lo creo! Y no me lo creo porque cuando una pareja no discute NUNCA suele ser porque:

- Una de las partes (o ambas) está evitando el conflicto.
- Una de las partes (o ambas) no quiere o no sabe expresar lo que siente.
- Una de las partes (o ambas) piensa que lo que le pasa no es tan importante como lo que le pasa a la otra persona.

- Ambas partes deciden guardar el conflicto en el cajón de la mierda hasta que este explote y salte todo por los aires.

Y, efectivamente, conforme fueron pasando las sesiones, pude comprobar que, aunque sí había conflictos, a Santiago no le gustaba nada tener que enfrentarse a ellos, así que los evitaba siempre que podía. Por tanto, cuando no estaba de acuerdo con Olga en algo, en vez de expresárselo, prefería callarse y ceder, para así no tener que discutir con ella. Sorprendente, ¿verdad?

Pues déjame decirte que esto no es un caso aislado, sino que hay muchísimas parejas que presumen de no discutir. Y lo hacen porque piensan que el hecho de no discutir es un indicador de que la relación va bien porque no hay conflictos. Pero como ya has podido comprobar, esto no es siempre así.

Así que para entenderlo mejor vamos a aclarar tres cosas:

1. En primer lugar, debemos tener claro que los conflictos como tal no son malos. Claro que esto dependerá siempre de cada relación porque cada pareja es un mundo, pero, por norma general, no pasa nada si hay conflictos. Es más, como dice el refrán, en todas las casas cuecen habas, y es que, por mínimo que sea, siempre va a haber algún conflicto. Y no pasa nada, porque lo que de verdad importa es que sepamos gestionarlos de forma adecuada.

2. En segundo lugar, debemos entender que discutir no es lo mismo que pelear. Cuando discutimos con nuestra pareja, lo que hacemos es debatir, compartir opiniones diferentes en torno a un mismo tema. Desde el respeto, con calma y con el objetivo de exponer posturas e intentar llegar a un acuerdo. Sin embargo, cuando nos peleamos, lo que hacemos es enfrentarnos a la otra persona, de malas maneras, desde el ataque y con la intención de ganar la batalla. Así que recuerda: **discutir es sano, pero pelearse no**. Aun así, para que puedas ver mejor la diferencia, te dejo aquí una tabla a modo de resumen:

DISCUTIR	PELEAR
✓ Escuchamos activamente a la otra parte.	✗ Interrumpimos constantemente y no respetamos el turno de palabra.
✓ Asumimos nuestros errores y pedimos perdón.	✗ Reprochamos y no pedimos perdón.
✓ Nos comunicamos de manera asertiva.	✗ Nos comunicamos de manera pasivo-agresiva.
✓ Nos comunicamos desde el yo (yo siento, yo pienso, yo necesito, etc.).	✗ Atacamos desde el tú (tú siempre, tú nunca, tú tienes la culpa, etc.).
✓ Validamos las emociones de la otra parte.	✗ Invalidamos las emociones de la otra parte.
✓ Empatizamos.	✗ No empatizamos.

✓ Nos tratamos con respeto.	✗ Nos faltamos al respeto, alzamos el tono de voz e incluso puede que haya insultos.
✓ Conseguimos negociar y llegar a acuerdos en los que ambas partes estemos cómodas.	✗ No llegamos a acuerdos y, además, puede que acabemos la pelea sin haber solucionado el problema por el que empezamos a pelear.
✓ Somos un buen equipo que trabaja de manera conjunta para llegar al mismo puerto.	✗ Dejamos de ser equipo para convertirnos en enemigos que crean una lucha de poder a ver quién puede más o a ver quién gana.
✓ Hay un aprendizaje tras lo ocurrido.	✗ No hay ningún aprendizaje de lo ocurrido.

3. Por último, recuerda que discutir es sano porque nos ayuda a expresar lo que sentimos, lo que pensamos y lo que necesitamos. Nos ayuda a poner límites y a decir que no. Pero, sobre todo, nos ayuda a validarnos como personas. Nos hace ver que lo que a mí me pasa, lo que yo pienso o lo que yo necesito es igual de válido que lo de la otra persona. Así que cuando discutimos con nuestra pareja, generamos un espacio en el que poder compartir distintos puntos de vista, escucharnos, validarnos, negociar y llegar a acuerdos en los que ambas partes nos sintamos cómodas. Es decir, discutir bien y de forma sana nos ayuda a evolucionar como pareja.

En resumen:

- Debemos aprender a gestionar bien los conflictos para que cuando haya algún malentendido o alguna cosa en la que no estemos de acuerdo, podamos solucionarlo a través de la discusión y no de la pelea.

- No debemos tener miedo a discutir, porque discutir nos ayudará a seguir mejorando nuestra relación y a construir un espacio seguro.

PEDIR PERDÓN

¿Has cronometrado cuánto tardas en decir «lo siento»? Yo tardo 0,94 segundos. Por eso, me pregunto: ¿cómo puede ser que algo que se tarda tan poco en decir, nos cueste horrores verbalizarlo? Y es que muchas veces, cuando discutimos con nuestra pareja o cuando nuestra pareja verbaliza que hemos hecho o dicho algo mal, tendemos a ponernos a la defensiva, a invalidar las emociones de la otra persona y a tratar de exculparnos. Vamos, que nos suele costar asumir que nos hemos equivocado. Y, ojo, que esto es normal, porque no deja de ser un mecanismo de defensa al sentirnos atacados. Pero no debemos seguir haciéndolo. Porque, cuando alguien te dice que algo le ha sentado mal y tú te exculpas, solo te quitas responsabilidades y, probablemente, lo que vas a conseguir es que la otra persona se enfade todavía más y la discusión se acabe convirtiendo en una pelea muy fea.

Así que, sí, debemos aprender de una vez por todas a asumir que nos hemos equivocado y a disculparnos correctamente. Para empezar, porque pedir perdón nos ayuda a reparar daños. Así de fácil.

Porque cuando pido perdón:

- Me estoy responsabilizando de mis actos.
- Estoy aceptando que, aunque a lo mejor bajo mi punto de vista no he hecho nada malo, a la otra persona le ha dolido algo de lo que yo he hecho o he dicho.
- Asumo que me he equivocado.
- Pongo en práctica la empatía.
- Y, también, dejo de exculparme.

Ahora bien, déjame aclararte algo y es que **lo más importante no es pedir perdón, sino saber hacerlo bien**. Y por si acaso ahora estás pensando: «Ah, ¿pero es que hay una forma mala de pedir perdón?». Pues por supuesto que sí. Es más, visualiza la siguiente escena:

Un niño y una niña, ambos pequeños, están en el parque jugando con un balón. En un momento dado, la niña chuta el balón con más fuerza y, sin querer, le pega un balonazo en la cabeza al niño y este rompe a llorar. Entonces los padres de ambos niños (que estaban sentados en un banco visualizando la escena a lo lejos) se acercan. El papá de la niña le dice a su hija: «Cariño, pídele perdón a tu amigo» y la niña obediente dice entre dientes: «Perdón…».

Como te puedes imaginar, la niña le ha pedido perdón a su

amigo, pero sin tener ni idea de por qué se debía disculpar, qué había hecho mal y qué significaba ese perdón. Es decir, ha sido **un perdón completamente vacío**. Así que, *voilà!*, Aquí lo tienes. Esta es justo la manera en la que **no hay que pedir perdón**.

Porque para poder disculparnos de verdad, para que el hecho de pedir perdón tenga sentido y sirva de reparación, tiene que ser una disculpa sincera, honesta y consciente. Por eso, te dejo a continuación una miniguía para que puedas aprender a elaborar una disculpa correctamente:

Cómo elaborar bien una disculpa

GUÍA PASO A PASO

1. **Toma consciencia de lo ocurrido:** ¿qué he hecho o qué he dicho que a mi pareja le haya podido molestar o doler?

2. **Responsabilízate de tus actos** y del consecuente impacto que hayan tenido en tu pareja, sin excusas: mi pareja ahora se siente triste, molesta, enfadada, decepcionada, etc., porque yo he dicho o he hecho algo en concreto.

3. **Valida el malestar de la otra persona:** nada de decir que se está exagerando, que no es para tanto, etc.

4. **Justifica el porqué de tu disculpa:** no vale decir un sim-

ple «perdón» o «lo siento», sino que debes dejar muy claro qué es lo que estás sintiendo o por qué estás pidiendo disculpas. Puedes probar con un «siento haberte hecho daño cuando he dicho tal cosa» o «te pido disculpas por haberte traicionado».

5. **Toma decisiones y cambia:** ante un error, hay que aprender. Y con dicho aprendizaje tiene que llegar un cambio. De nada sirve que pidas perdón mil veces si vas a seguir haciendo lo mismo.

6. **Plan de acción para que eso no se vuelva a producir:** ¿qué voy a hacer si en un futuro me veo en una situación parecida? ¿Qué conductas diferentes voy a llevar a cabo para no volver a herir a mi pareja?

De esta forma, si por ejemplo le eres infiel a tu pareja, **tu disculpa** quedaría tal que así:

«Sí, te he sido infiel y por tanto he roto el pacto de lealtad que teníamos entre nosotros. Así que soy consciente de que esto para ti es una traición y entiendo que ya no confíes en mí. Entiendo también que estés decepcionada y que te sientas traicionada y quiero que sepas que tienes todo el derecho del mundo a sentirte así. Por eso quiero pedirte disculpas por haberme acostado con otra persona, por haberte traicionado y, sobre todo, por haberte hecho tanto daño. Quiero que sepas que he bloqueado a esta persona de todas las redes sociales y he borrado su número de teléfono porque no quiero volver a tener ningún tipo de contacto con ella. Y quiero también que sepas que, si en algún momento esta persona me vuelve a escribir, te lo contaré sin mentiras. Pero, de verdad, siento muchísimo todo esto y siento que ahora estés tragando tanta mierda por mi culpa».

LA INTIMIDAD
EN PAREJA

Muchas veces me encuentro con parejas que vienen a terapia porque llevan un tiempo teniendo problemas a nivel sexual. No tienen relaciones sexuales y, si las tienen, no son satisfactorias. Yo siempre les explico lo mismo: **el sexo solo es un reflejo de cómo está la relación por dentro.** Es decir, que el sexo empiece a fallar es solo la punta del iceberg. Un iceberg en el que debajo hay otras cosas de la relación que probablemente tampoco estén yendo bien. Por ejemplo:

- Que no haya buena comunicación.
- Que no estemos gestionando bien los conflictos.
- Que estemos en alerta, a la defensiva o tensos el uno con el otro de manera habitual.
- Que no pasemos tiempo de calidad juntos.
- O que no tengamos momentos de intimidad.

Y en esto último es en lo que quiero que nos centremos ahora, en la **intimidad.** Esto funciona tal que así:

Si no tenemos momentos de **intimidad**,
no nos sentimos **conectados**.

Si no nos sentimos **conectados**,
no tenemos ganas de tener cierto **contacto físico**.

Y si no tenemos ganas de tener **contacto físico**,
no vamos a tener **sexo**.

Así que, como ves, la intimidad es indispensable en una relación, ya que nos ayudará a reforzar el vínculo, a potenciar la conexión entre ambas partes y a disfrutarnos más, independientemente de que seamos una pareja que mantiene relaciones sexuales o una pareja asexual. Porque cuando hablo de tener momentos de intimidad en pareja, no me refiero a tener sexo (o al menos, no SOLO a tener sexo), porque la intimidad en pareja va mucho más allá de eso. Va de crear momentos de conexión, de complicidad, de cercanía, de diversión, de amor. Va de sentirnos cerca a nivel físico, pero también a nivel emocional. Porque de nada sirve que pasemos mucho tiempo juntos compartiendo espacio físico, si a nivel emocional uno va a estar en Marte y el otro en Júpiter.

Por ejemplo, imagínate que tu pareja y tú os tumbáis en el sofá a ver una peli el sábado por la noche. Sin embargo, tú te pones en una punta del sofá y tu pareja en la otra, a un metro y medio más o menos de distancia. Y no solo eso, sino que, además, estáis viendo la peli, pero también mirando historias de Instagram.

¿Estáis pasando tiempo juntos? Físicamente sí, pero emocionalmente no.

¿Está siendo tiempo de calidad? Por supuesto que no.

Así que ahora imagínate esa misma situación, pero viendo la peli los dos juntos, uno al lado del otro, estando presentes en el momento y disfrutándoos mucho sin ninguna otra distracción. ¿Ves la diferencia? Pues simples gestos como estos, son los que marcan la diferencia. Los que nos hacen tener momentos de intimidad de verdad y los que nos ayudan a reforzar el vínculo.

Así que aquí te dejo una lista de cosas que puedes hacer con tu pareja para mejorar vuestra intimidad:

- Miraos a los ojos cuando os habléis.
- Escuchaos siempre de manera activa cuando os estéis contando algo.
- Estad presentes en la vida del otro.
- Mostrad interés por las inquietudes y por las aficiones de tu pareja.
- Cread momentos cálidos donde poder compartir miedos, preocupaciones, emociones, pensamientos o cualquier inseguridad.
- Tened una comunicación honesta y empática.
- Salid a pasear y cogeos de la mano.
- Sorprende a tu pareja (con una escapada, una nota en

el espejo, una merienda, su café favorito, unas entradas para el cine, etc.).

- Practicad la gratitud. Es decir, dale las gracias a tu pareja más a menudo por todas esas cosas sencillas del día a día que pasan desapercibidas. Como, por ejemplo, prepararte un café calentito por la mañana, preparar la cena mientras tú adelantas trabajo, recogerte del aeropuerto, etc.

- Id a ver un monólogo, una peli de comedia o cualquier cosa que os haga reír juntos. La risa es muy poderosa.

- Daos muchos mimos, muchos besos, muchos abrazos e infinidad de caricias todos los días.

- Daos una ducha juntos (sin necesidad de que haya sexo en esa ducha si no queréis).

- Dormid desnudos y abrazados (sin necesidad de que haya sexo en esa noche si no queréis).

- Haced alguna actividad juntos que os guste y os haga sentir bien: bailar, hacer rutas de senderismo, yoga, cerámica, pintura, etc. Da igual la actividad que hagáis, ya que lo importante es que os haga sentir unidos.

- Tened citas frecuentes como las que solíais tener al principio de la relación. Citas novedosas, diferentes y fuera de lo que hacéis normalmente: ir a un *escape room*, a la bolera, probar restaurantes nuevos, etc.

- Preparad una cena romántica en casa, con velas, flores y música pastelona de fondo.

- Y, por supuesto, tened relaciones sexuales si es lo que queréis.

Como ves, hay infinidad de actividades que fomentan la intimidad en pareja. Así que simplemente se trata de encontrar aquello que más se adapte a ti y a tu pareja y exprimirlo al máximo. Porque recuerda que cuanta más intimidad tengáis en pareja, más cuidado estará vuestro vínculo, más cerca os sentiréis mutuamente y, por tanto, más podréis disfrutar del sexo.

13

DESCUBRE SI TU RELACIÓN ES SANA

Llegados a este punto, creo que ya tendrás una idea bastante amplia y clara en tu cabeza de lo que es una relación sana y de lo que no lo es. Aun así, he querido recoger todas las ideas clave que hemos visto a lo largo de este libro para que las tengas más a mano y puedas chequear el estado de tu relación cada vez que lo necesites:

EN MI RELACIÓN DE PAREJA...	Sí	No
Existe un equilibrio entre mi parcela de vida individual y la parcela de vida que compartimos en pareja.		
Existe reciprocidad (en el amor, en el cuidado, etc.).		
Tenemos discusiones sanas a través de las cuales negociamos para llegar a acuerdos.		
Hay unos límites establecidos, los cuales son aceptados y respetados por ambas partes.		
Tenemos proyectos futuros en común.		
Mi pareja y yo remamos en la misma dirección (es decir, somos un equipo y nunca enemigos).		

Elegimos libremente estar juntos/as cada día, con todo lo que eso implica.		
Hay compromiso y lealtad.		
Existe la equidad.		
Pedimos perdón cuando nos equivocamos o cuando algo de lo que hacemos o decimos le hace daño a la otra parte.		
Nos damos las gracias a menudo.		
Hay confianza mutua.		
Tenemos momentos de intimidad (ya sea sexual o no).		
Pasamos tiempo de calidad juntos haciendo actividades y planes que nos producen bienestar a ambas partes.		
Me siento vista por mi pareja.		
Nos tratamos con afecto y cariño.		
Hay respeto mutuo.		
Sabemos que lo que hagamos o lo que digamos tendrá un impacto en la otra persona.		
Tenemos conversaciones incómodas que nos ayudan a avanzar.		
Hay espacio para todas nuestras emociones, ya sean estas agradables o desagradables.		
Nos escuchamos, nos acompañamos y nos ayudamos.		
Compartimos valores (o al menos son bastante similares, pero no incompatibles).		
Nos divertimos y nos reímos juntos/as.		
Siento que mi relación y mi pareja son mi refugio.		
Somos sinceros y honestos (con lo que sentimos, lo que queremos o lo que necesitamos).		

Hay empatía.		
Hay tolerancia mutua.		
Admiro a mi pareja al igual que mi pareja me admira a mí.		
Siento paz, calma, seguridad y tranquilidad todos los días.		
Nos comunicamos de forma asertiva.		

Y recuerda que las relaciones sanas no caen del árbol, sino que se trabajan cada día. Con un poquito de esfuerzo y unos cuantos cambios a veces. Pero, sobre todo, con mucho amor, mucho mimo, mucho respeto y mucha paciencia. ♥

EPÍLOGO

Nunca se me han dado bien las despedidas, así que, para variar, esta vez no iba a ser menos. Pero es que, claro, ¿cómo narices me despido de ti después de este viaje tan intenso? Y es que siento que, sin conocernos de nada, tú y yo hemos compartido algo muy íntimo a través de estas páginas.

Hemos compartido tiempo, vivencias, recuerdos, heridas y emociones. Hemos hablado de miedos, de inseguridades, de dolor. Y, sobre todo, hemos profundizado en tu historia de vida y en la mía. Así que sí, sin darnos cuenta, hemos compartido algo muy profundo y bonito.

Así que no me gustaría acabar este libro sin recordarte tres cosas que, bajo mi punto de vista, son esenciales:

La primera es que, como ya habrás podido comprobar, tomar consciencia de tu historia vital y prestar atención a lo que ha ido pasando a tu alrededor a lo largo de todos estos años te ayudará a conocerte mejor y a entenderte un poquito más. Es más, esa información te permitirá trabajar en ti para poder sanar y reparar todas aquellas partes internas tuyas que estén rotas o dañadas. Pero, sobre todo, para que puedas aprender a vincularte de forma sana y segura tanto contigo misma como con los demás. Y eso, amiga, es el mejor regalo que te puedes hacer. Créeme.

La segunda, es que yo no soy perfecta y tú tampoco. Y, por tanto, nos vamos a equivocar. En la vida y en las relaciones. Y no pasa nada, porque después de cada error, siempre habrá un aprendizaje, aunque te cueste algún tiempo verlo con claridad. Así que, porfi, no seas tan dura contigo misma. No te castigues por absolutamente todo e intenta hablarte con un poquito más de compasión. Porque no se te puede olvidar que eres la persona más importante de tu vida y, por tanto, debes tratarte como tal. Es decir, con mucho amor y con mucho respeto.

Y la tercera es que, al igual que no debes tratarte mal a ti misma, por favor, tampoco permitas que nadie irrumpa en tu vida para ponértela patas arriba y acabar con tu paz mental. Porque, aunque no seas perfecta, eres una persona válida y maravillosa que se merece todo el amor del mundo pese a que te hayan hecho creer lo contrario.

Pero, por si acaso se te olvida en algún momento, te dejo esto por aquí para que te lo grabes muy a fuego:

No hay nada de malo en ti.
Te mereces cosas buenas.
Te mereces que te cuiden.
Te mereces que te valoren.

Te mereces que te respeten.

Te mereces estar tranquila.

Y, por supuesto...

Te mereces mucho **AMOR del bueno**.

Te mereces un amor del que se construye cada día. Un amor basado en el respeto, la comunicación, la intimidad y el afecto. Un amor leal, lleno de buenas intenciones. Un amor profundo y sincero. Pero, sobre todo, un **amor sano**, que te sume cada día y que te haga sentir segura, que sea tu hogar y tu refugio.

Así que, dicho esto, me gustaría terminar este viaje dándote las GRACIAS a ti, de todo corazón. Por acompañarme en esta aventura, por leerme y abrirte en canal conmigo. Espero que podamos seguir aprendiendo a querer durante mucho tiempo.

Te abrazo con todas mis fuerzas.

ELENA

AGRADECIMIENTOS

Escribir este libro ha sido toda una aventura para mí. Una aventura que me ha hecho pasar por un sinfín de emociones prácticamente a diario, como si de una montaña rusa se tratase. Así que no me cansaré jamás de darle las gracias a las personas más importantes de mi vida: mi familia. Por haberme sostenido tanto y tan bien durante todos estos meses, pero, sobre todo, por haberlo hecho desde el día en que nací. Por vuestra escucha, paciencia, tiempo, cariño y amor. Por haberme recordado que sí que podía en todos esos momentos en los que se me olvidaba y por haber confiado en mí más que yo misma. Así que mamá, papá y Marina, os quiero con todo mi corazón.

A Álex, por alegrarte de mis logros como si fuesen tuyos. Por ser mi familia.

A Martina y a Abi, porque pese a ser tan pequeñitas, sois enormes.

A Carla, por ser mi mano derecha. Siempre.

A mis supervivientes y mis chicos, por ser la mejor red de apoyo que podría tener.

A mi yaya Manola, a quien por desgracia tuve que decirle adiós para siempre mientras escribía este libro. Y a quien, pese a no saber leer, le hacía mucha ilusión que este libro fuese a ver la luz. Te echo mucho de menos.

A mi familia política, por toda vuestra ilusión.

Y, por supuesto, a Edu. Por ser equipo y remar en la misma dirección. Por quererme mucho y muy bien. Porque contigo me siento vista y esa es una de las mejores sensaciones del mundo. Y porque estoy muy orgullosa de todo lo que hemos trabajado para llegar hasta aquí. Es una jodida maravilla compartir cada día de mi vida contigo. Te quiero con toda mi alma.

Pero, sobre todo, a mi maravillosa editora, Miriam. Por haber confiado en mí desde el principio y porque sin ti esto no sería posible. Por tu cariño, tu empatía y tu buen trabajo. No tendré vida para agradecerte esta oportunidad.